칸트 미학에 대한 하나의 해석
아름다움과 인간의 조건

칸트 미학에 대한 하나의 해석

아름다움과 인간의 조건

김수용 지음

한국문화사

• 일러두기 •

1. 이 연구서는 임마누엘 칸트의 『판단력 비판(Kritik der Urteilskraft)』 중 모두 9개의 「서문(Einleitung)」과 제1편 「미적·감성적 판단력 비판(Kritik der ästhetischen Urteilskraft)」을 주요 연구대상으로 삼았다. 그중 제1권 「아름다움의 분석(Analytik des Schönen)」이 집중적으로 분석되었으며, 제2권인 「숭고함의 분석(Analytik des Erhabenen)」은 연구 대상에서 제외되었다. 이 연구서에서 취미판단의 "대상(Gegenstand)"은, 특별한 언급이 없는 한, '자연의 사물'을 나타낸다. 인간의 손에 의해 만들어진 인조물, 특히 칸트가 "아름다운 인조물(schöne Kunst)"로 부른 예술과 예술작품의 아름다움은 다루어지지 않았다.
2. 본문에서 강조한 부분은 별도의 언급이 없는 한 칸트에 의한 것이다.
3. 본문에는 각 문헌을 약칭으로 표기했다. 문헌 약칭은 책 뒤에 있는 문헌 일람표에 = 으로 표기했다. 예를 들어, 'Immanuel Kant: Kritik der Urteilskraft. In: Kants Werke, Akademie-Textausgabe. Unveränderter potomechanischer Abdruck des Textes der von der Preußischen Akademie der Wissenschaft 1902 begonnenen Ausgabe von Kants gesammelten Schriften, Bd. V, Berlin 1968(=KU)'는 본문에서는 이 문헌을 KU로 표기했다는 뜻이다.

| 차례 |

머리말 ·· viii

I 왜 칸트의 미학이 미학의 역사에서 하나의 획기적인 전환으로 이해되는가? ·· 1

1. "진"과 "선"에서 "미"의 독립 ··· 1
2. 역사적 상황에 대한 비판적 성찰로서의 미학의 정립 ·········· 11
3. 주관적·인간학적 미학의 성립 ······································ 17

II 취미판단 ··· 26

1. 판단력과 인식판단 ·· 26
2. 판단력과 취미판단 ·· 36
   (1) "미적·감성적" 본성: 판단 주체와 판단 대상의 분리 ·· 36
   (2) "자유로운 유희" ··· 43
      1) "자유로운 유희"와 인식능력의 상호관계 ··············· 43
      2) "자유로운 유희"와 미적 판단 ······························ 52
      3) "자유로운 유희"와 "본래적 인식" ························ 57

III 아름다움의 조건 ·· 71

1. "관심 없는 만족" ··· 71
2. 아름다움과 인간의 본성 ···································· 79
3. "목적 없는 합목적성" ······································· 86
   (1) "목적 없음"과 "관심 없음"의 의미적 연관성 ············ 86
   (2) 주관적, 형식적 합목적성 ································ 91
   (3) 대상 형식의 합목적성 ·································· 101
   (4) 자연의 초월적 실체와 인간의 초월적 실체 ············· 118
   (5) 아름다움과 도덕성의 상징 ······························ 130

IV 취미판단의 보편성과 당위적 필연성 ······················ 145

1. "주관적" 보편성:
   동일한 대상에 대한 모든 주체의 동일한 판단 ············· 145
2. 인간 본성의 "보편적 실체"와 인류 공동체의 이상 ·········· 154
   (1) 미적 판단과 인간의 본성 ································ 154
   (2) 보편성과 인류 공동체의 이념 ··························· 160
3. 공통감과 취미판단 보편성의 필연성 ························ 177
   (1) 공통감: 필연적 보편성의 조건과 원칙 ··················· 177
   (2) 공통감과 인류 공동체의 이상 ··························· 185

V 칸트 미학과 이상주의적 현실비판 ·················· 201

   1. 유용론적 사유와 정관적 미적 체험 ················· 201
   2. 개념적 인식과 '본래적 인식' ···························· 209
   3. 인류 공동체의 이상 ·· 221

문헌 일람표 ·· 233
찾아보기 ·· 239

▎머리말 ▎

 지난 3년여 동안 '칸트의 미학'이라는 미로 속을 헤매며 보냈다. 미로는 마치 끝이 없는 것처럼 넓고 길게 펼쳐져 있었고, 그래서 내가 이리저리 허둥대며 헤집고 다닌 곳은 미로의 극히 작은 부분에 지나지 않는다. 이 연구서는 이 미로 속에서의 내 방황의 기록이다.

 이렇게 말한다고 해서 내가 무슨 대단한 미학 연구가나 철학자인 것은 아니다. 칸트 전문가는 더더욱 아니고, 그저 한 명의 독문학자에 지나지 않는다. 그런 내가 칸트 미학이라는 거대한 주제를 다루려고 무모하게 덤벼든 데에는 이유가 있다. 이 연구서의 원래 의도는 괴테-쉴러-하이네로 연결되는 독문학사상의 비판적 시학과 예술론을 조망해보려는 것이었다. 비판은 항시 대상에 대한 일정한 거리두기를 전제로 한다. 이 거리가 없으면 대상을 객관적이며 냉철한 시각으로 볼 수 없기 때문이다. 그리고 괴테, 특히 그의 『파우스트』의 구조적 특징이라고 할 수 있는 상호 해체(Dekonstruktion)의 기법, 쉴러가 내세운 비극적 드라마의 서사화(敍事化, Episisierung) 요구, 그리고 후기 하이네의 무관심주의(Indifferentismus)의 예술론은 모두 이 '거리 두기 미학'의 구현 형태이다. 내가 칸트의 미학에서 찾아보려 한 것은 단지 이런 예술론들의 미학적 근거와 출발점이었다. 칸트가 『판단력 비판』에서 개진한, 아름다움을 규정하는 근거로서의 '관심 없는 만족'과 '목적 없는 합목적성'론이 모두 '미'를 '진'과 '선'에서 분리한다는 것을 전제로 하고, 이렇게 성립된 아름다움의 자율성은 어떠한 외적 목적도 추구하지 않으며, 어떠한 목적론적 관심에서도 자유로운 자율적 예술론의 미학적 토대가 될 수 있기 때문이다. 그리고 현실이라는 대상에서 분리된, 즉 현실에 대한 거리 두기가 가능한 자율적 예술은 그 거리로 인해 현실을 비판적으로 조망할 수도 있을 것이다.

그런데 내가 이 원래의 목적을 접어두고 칸트의 미학만을 다루게 된 사유는 다음과 같다.

첫째로 거리 두기 미학의 이론적 토대로서 짧고 간단하게 요약하기에는 칸트의 아름다움 규정은 이론적으로 아주 복잡하고 심층적이었다. 두 번째 이유는 참조하려고 접해 본 국내의 칸트 미학 연구가 나에게 너무 생소하게 다가왔기 때문이었다. 사용된 한자 용어는 무척 어려웠고, 우리말 표현은 대체로 무척 생경스러웠다. 물론 내가 찾아본 얼마 안 되는 연구서와 논문 그리고 번역물을 근거로 국내의 칸트 미학 연구를 일률적으로 평가하는 것은 무리일 것이다. 그러나 읽어본 두어 본의 『판단력 비판』 번역서는, 조금 과장해서 표현하자면, 부분적으로는 칸트의 독일어 원본보다 더 이해하기 어려웠고, 찾아본 몇 권의 연구서와 논문은 독일의 칸트 연구자의 글보다 더 읽기 어려웠다. 국내의 칸트 미학 연구는 일반인이 근접하기 어려운 전문 학자만의 폐쇄된 영역을 이루고 있는 것으로 보였다. 그래서 생각해낸 것이 대학 학부생 수준의 철학적 상식을 가진 비전문가도 읽을 수 있는 칸트 미학 연구서를 써보자는 것이었고, 이 시도의 결실로 이 책을 세상에 내어놓는다.

앞에서 밝힌 대로 나는 철학자나 칸트 전문가가 아니다.

그러니 칸트 미학 연구에서 나는 그저 한 명의 아마추어적 국외자일 것이다. 나는 이 국외자적 위치가 가질 수 있는 장점, 즉 전문용어를 사용하고 서술하는 데서 전통적인 연구의 엄격한 규범과 틀에서 비교적 자유로울 수 있다는 장점을 십분 활용하려 했다. 예를 들면, 국내의 칸트 미학 연구에서 거의 획일적으로 사용되는, 그러나 일반인에게는 무언가 낯선 느낌을 주는 용어인 "쾌"(원문 "Lust")를 그때그때의 문체적 상황에 따라 "즐거움", "유쾌함" 또는 "쾌감"으로 바꿔 보았다. 그래서 "쾌를 느끼다" 같은 생경한 표현을 "즐거움을 느끼다", "쾌감을 느끼다" 같은 일상적인 말로 대신했다. 원문의 Vorstellung과 vorstellen은 무조건 "표상", "표상하다"가 아니라 때로는 "상정", "상정하다" 등으로 번역했다. 그리고 "인식 일반"(원문 "Erkenntnis überhaupt")이라는 용어가 지나치게 모호하다고 생각하여 이를 "본래적 인식"으로 바꾸기도 했다. 그러나 집필을 완료한 지금 원고를 검토해보니, 내 글 역시 결코 쉽게 읽을 수 있는 것이 아님을 느낀다. 그래도 이 난해한 칸트의 미학을 조금이라도 쉽게 풀어썼다는 생각으로 위안을 삼는다.

끝으로, 칸트의 『판단력 비판』을 내가 얼마나 올바르게 읽고 그의 뜻을 얼마나 제대로 이해했는지, 불안하고 두려운 마음이다. 그래서 칸트의 『순수이성비판』 2판 「서문」에 실린 다음의 글로 나 자신을 정당화해보련다.

> 하나의 대상을 **인식하는 것**, 거기에는 내가 그것의 가능성(그 가능성이 경험의 증언이나 그것의 현실성에 의한 것이든, 아니면 이성에 의한 **선험적인** 것이든)을 증명할 수 있어야 한다는 것이 요구된다. 그러나 나는 내가 원하는 것을 **사유**할 수는 있다, 내가 나 자신과의 모순에 빠지지만 않는다면, 그 말인즉슨 내 견해가 하나의 가능한 생각이기만 하다면 말이다. 내가 그 견해를 보증할 수 있든 없든, 모든 가능성의 총체적 집합 안에서 이 견해에 하나의 객체가 상응하든 그렇지 않든 관계없이.

2015년 말미에

김 수 용

I

왜 칸트의 미학이 미학의 역사에서 하나의 획기적인 전환으로 이해되는가?

1. "진"과 "선"에서 "미"의 독립

임마누엘 칸트의 『판단력 비판(Kritik der Urteilskraft)』[1]은

---

[1] 『판단력 비판』은 Immanuel Kant: Kritik der Urteilskraft, In: Kants Werke, Akademie-Textausgabe. Unveränderter potomechanischer Abdruck des Textes der von der Preußischen Akademie der Wissenschaft 1902 begonnenen Ausgabe von Kants gesammelten Schriften, Bd. V, Berlin 1968(이하 KU로 약칭됨)에 따라 인용됨. 각 문헌 약칭은 문헌 일람표에 표기되어 있음.

『순수이성비판(Kritik der reinen Vernunft)』과 『실천이성비판(Kritik der praktischen Vernunft)』에 이어 나온 이 대 철학자의 세 번째 '비판서'[2]이자 그의 미학 이론을 집대성한 저서이다. 이 저서에서 칸트가, "취미판단(Geschmacksurteil)"이라는 주제로, 사물의 아름다움 여부를 '판단'하는 인간의 능력을 비판적으로 검토한 이론은 후세에서 다양한 해석과 평가를 받아왔다. 이런 서로 다른 해석과 평가 중에서 가장 광범위하게 인정받는 것은 아마도 칸트의 이론이 서양의 미학사에서 하나의 획기적인 전환점을 이룬다는 견해일 것이다.

현존하는 독일의 대표적 철학자 중 한 명인 마르크바르트는 18세기 서구 미학의 생성과 발전을 서양 철학사의 한 큰 사건으로 규정한다. 왜냐하면 철학적 관심의 초점이 미학으로 전환되는 것은 철학이 그때까지 비이성적인 것으로 치부하고 그 가치를 인정하지 않았던 "아름다움"이라는 영역을, 즉 예술, 감정, 환상, 취향, 내적 체험 등등을

---

[2] 그래서 이 책은 흔히 『제3비판』이라고 불리기도 한다.

감싸는 영역을 자신의 주요 논의 대상으로 삼았고, 그 결과 미학이 철학의 한 기본 분야로서 정립되었기 때문이다. 아주 초기부터, 특히 플라톤(Platon) 이래로, 서양의 철학이 예술과 예술가에 대해서 비판적이었다는 사실을 고려하면, 철학의 미학으로의 전환은 획기적인 사건일 수밖에 없다. 마르크바르트에 따르면 이러한 혁명적 전환은 칸트에서부터 비롯된다. 칸트는 "이 전환의 기초를 닦은" 사람이라는 것이다.[3]

저명한 칸트 연구자인 비르기트 레키 역시 칸트의 『판단력 비판』을 서양 철학의 "코페르니쿠스적 전환"[4]으로 규정한다. 이 책에서 칸트가 "아름다움", 즉 "미(美)"를 "진(眞)"과 "선(善)"에서 철저하게 분리했고, 플라톤 이래 서양의 미학사에서 처음으로 "미"를 인간의 감성과 연계했으며, 더 나아가 "미"의 자율성을 주창했다는 이유에서이다. 이미 18세기에 헤겔이 『판단력 비판』을 미학의 세기적인

---

[3] Marquard, p. 231.
[4] Recki, p. 18.

전환점으로 규정한 것도 비슷한 이유에서이다. 『판단력 비판』은, 헤겔에 따르면, "예술적 아름다움의 진정한 이해를 위한 출발점"[5]이었다.

『판단력 비판』에서 정립된 칸트의 미학 이론이 서양 철학사 및 미학의 역사에서 하나의 획기적인 전환점을 이룬다는 견해, 이『제3비판이』 "미학의 철학에서 가장 영향력이 큰 저작 중 하나"[6]라는 평가는, 앞에서 말한 바와 같이, 칸트 연구에서 광범위한 인정을 받고 있다. 그렇다면 구체적으로 어떠한 관점에서 칸트의 미학 이론은 과연 혁명적인가?

첫째로 들 수 있는 이유는 칸트가 "미"를 "진", 즉 인식(認識)과 "선", 다시 말해 도덕에서 분리한 사실일 것이다. 미는 칸트 시대까지도, 진과 선에 종속된 하위 개념이었다. 니벨레의 표현대로 미는, 그 원래적인 의미 규정에 있어서, "도덕적인 또는 형이상학적인 완전성의 현시(顯示)형태 중

---

[5] Historisches Wörterbuch, Bd, 1, sp. 565에서 재인용.
[6] Wenzel, p. 1.

하나일 따름이며" 따라서 "선과 진에 종속된" 것이었다.[7]

미와 인식이 불가분의 관계에 있고, 그래서 미적 판단은 대상에 대한 일종의 하급 인식판단이라는 견해는 서양의 미학에서 오랫동안 유지된 암묵적 전제였다. 칸트 바로 이전에 『미학(Aesthetica)』[8]이라는 괄목할 만한 미학 이론서를 펴낸 바움가르텐도 미를 "불분명한 인식의 완전함" 또는 "불분명하게 인식된 완전함"으로 해석했고,[9] 그에게 미학은 "하위 인식의 이론, 아름다운 사유의 학, 유사(類似) 이성의 학"이며 "감성적 인식의 학"이었다.[10]

그러나 칸트는 미를 논리적 인식의 관점에서 보는 것을 전적으로 거부한다. 그는 대상[11]의 아름다움 여부를 판단

---

[7] Nivelle, p. 30.
[8] A. G. Baumgarten: Aesthetica. Frankfurt an der Oder 1750. Nachdruck Hildesheim, New York 1970.
[9] Scheible, p. 98.
[10] 벤첼, 34 쪽에서 재인용.
[11] 이 연구서에서 취미판단의 "대상"은, 특별한 언급이 없는 한, '자연 사물'로서의 대상이다. 예술 또는 예술작품은 취미판단의 대상에서 제외되었다. 그 이유에 대해서는 이 연구서 끝부분을 참조할 것.

하는 취미판단이 "인식판단이 아니며, 따라서 논리적이 아니라 미적·감성적[12]이며" 그렇기에 "주관적일 수밖에 없다"라고 강조한다(KU, 203). 즉 칸트는 어느 대상에 대한 미적 판단은 이 대상에 대한 '객관적'이며 '논리적'인 인식과는 아무런 관계도 없는 '주관적'이자 '감성적' 체험이라는 사실을 분명히 하는 것이다. 그가 미학 이론을 주관적인 느낌이 물씬 풍기는 "취미"의 이론으로 개진한 것도, 그래서 미적 판단을 "취미판단"으로 규정한 것도 이러한 맥락에서 이해할 수 있을 것이다.[13] 칸트의 이론이 '주관주의

---

[12] 여기에서 "감성적"으로 번역된 "ästhetisch"는 칸트 시대에는 "미적" 또는 "미학적"이라는 의미 외에 그리스어 어원에 따라 "감성적"이라는 의미도 있었으며, 경우에 따라서는 이 두 가지 의미를 동시에 뜻하기도 했다. 칸트도 이 단어를 사용하면서 시대적 전형을 따른다. "ästhetisch"의 의미는 앞으로 문맥에 따라 "미적", "미학적", "감성적" 그리고 "미적·감성적"으로 표기한다.

[13] 여기서 '주관적'은 '개인적', '사적'이라는 의미는 아니다. '취미'는 한 사회의 공동체적 합의이기도 하기 때문이다. 가다머는 취미가 "사회적 삶의 공통성"을 각인해준다고 정의한다(Gadamer, p. 88). 칸트에 의한 아름다움의 이상화는 취미 내지는 취미판단을 이런 사회적 및 인류 공동체적 동질성을 요구하고 회복시킬 '이상적' 수단으로 간주하는 데서 연유한다. 취미가 하나의 공동체적 합의가 되려면 한 사회의, 또는 인류의 공동체적 동질성이 전제되어야 하기 때문이다.

적'이며, 예술의 인식 성격을 포기한 미학이라는 일반적인 평가는 바로 이 사실에서 근거를 찾는다. 가다머가 '칸트에 의한 미학의 주관화를 강조한 것'[14], 그리고 부브너가 칸트적 의미에서는 "미에서는 대상을 구성하는 어떠한 개념도 제시되지 않는다"라고[15] 확인한 것은 이러한 해석의 실례이다.

또한 칸트는 '미'를 '진'에서와 마찬가지로, '선(善)'에서도 분리, 독립시켰다. '아름다움'은 '도덕'과도 그 본성을 달리한다는 것이다.

칸트는 어느 대상이 아름다운지 아닌지 판단하는 가장 중요한 척도의 하나로서 그 대상에 대한 판단자의 "관심 없는 만족(Wohlgefallen ohne Interesse)"을 들었다.[16] 여기서 "관심"은 1차적으로는 '이해관계적' 관심을 의미한다. 그 대상을 소유하거나 어떤 목적을 위한 수단으로 사용하거나 또

---

[14] Gadamer, p. 39를 참조할 것.
[15] Bubner, p. 60.
[16] 『판단력 비판』의 제1부 1절의 표제는 "취미판단을 규정하는 만족은 어떠한 관심도 가지고 있지 않다"이다.

는 향락의 대상 등등으로 삼으려는 계산적이며 감각적이고 물질적인, 즉 비이성적(비도덕적) 관심인 것이다. 이 관심의 의도가 실현되면 우리는 만족감을 느끼는 바, 이 만족은 따라서 그 본성이 감각적이다. 그러나 이 관심은 경우에 따라서는 도덕적일 수도 있다. 왜냐하면 도덕적 선에 대한 이해 또한 칸트에 의하면, 우리 안에 이를 실현하려는 자유의지를, 다시 말하면 '도덕적 관심'을 생성시키기 때문이다. 이 도덕적 관심 역시, 그 의도가 실현되면, 우리에게 만족감을 준다. 이러한 맥락에서 보면 칸트가 "관심 없는 만족"을 미적 판단의 기준으로서 규정한 것은, 다시 말해 아름다움에 대한 만족을 감각적, 동물적 만족이나 도덕적, 정신적 만족 같은 '관심 있는' 만족과 구분한 것은, 아름다움을 도덕적 선에서도 분리함을 의미한다. 아름다운 현상은 도덕적 현상이 아니며, 미는 선이 아닌 것이다.[17]

---

[17] 이러한 관점으로 보면 칸트의 미학은 그 본성에 있어서 '현대적'이다. 막스 베버는 현대의 한 본질적 현상으로서 진과 선과 미의 분리를 들었다. "그 무엇이 진실하지도 않고, 선하지도 않은 데 아름다운 것은, 아니면 오히려 진실하지도 않고, 선하지도 않기에 아름다운 것"은 현대의 근원적 현상이라는 것이다. Max

칸트가 이처럼 미를 진과 선에서 분리, 독립시킴으로써 그는 독일 이상주의 미학의 초석을 다졌다. 이를 통해 확립된 미의 자율성은 이상주의 미학이 추구하는 '자율적 예술'이나 '순수 예술'의 필연적인 이론적 전제를 이루기 때문이다. 예술은 오로지 자체의 목적을 따를 뿐 어떠한 예술 외적 목적에서도 벗어나 순수해야 한다는 예술의 자율성은 미의 자율성이 없이는 생각할 수 없기 때문이다.

그러나 미가 진과 선에서 분리된 것은 궁극적으로 이들을 서로 고립시키려는 것은 아니었다. 이 분리는 미로 하여금 진과 선에 예속된 상태에서 벗어나서 동등한 가치로서 이 두 개의 영역과 새로이 합일되는, 더 정확하게는 위의 두 개념을 매개하고 종합하는 새로운 개념으로 태어나게 하려는 것이었다. 칸트가 『판단력 비판』의 「제3서론」에서 철학이 인식(진)을 지향하는 "이론적" 철학과 도덕적 행위(선)을 지향하는 "실천적" 철학으로 분리되어 있음을 비판

Weber: Gesammelte Aufsätze zur Wissenschaftslehre. Tübingen 1985, p. 604.

하고(KU, 179) "판단력 비판"을 "철학의 두 부분을 하나의 전체로 결합하는 수단"으로 제시한 사실도 이러한 '매개와 종합'의 의도에 대한 증거일 것이다.[18] 칸트의 미학에 "새로운 의미에서 철학적 미학의 체계를 만들어준 것은 이론철학 및 실천 철학 원칙과의 연관성의 발견이다"[19]라는 쿨렌캄프의 확언은 바로 이러한 미와 진과 선의 새로운 관계를 지칭하는 것이다.

진과 선의 매개와 종합으로서, 더 나아가서는 자연과 이성, 물질과 정신, 감각적인 것과 초감각적인 것을 매개하고 합일시키는, 칸트의 표현대로 "자연 개념과 자유 개념 사이의 매개개념"(KU, 179)으로서의 미의 규정은 또 다른 의미에서 이상주의 미학의 초석을 이룬다. 그럴 것이 당시의 많은 지식인이 모든 것을 종합하고 아우르는 '아름다움'을 통해 시대의 모든 문제를 완전히 해결할 수 있다는 지극히 '이상

---

[18] 『판단력 비판』의 「제3서론」의 표제는 "철학의 두 부분을 하나의 전체로 결합하는 수단으로서의 판단력 비판에 대하여"이다. KU. 176.

[19] Kulenkampff, Vorwort, p. 14.

주의적' 희망을 가졌기 때문이다. 쉴러의 『미학 편지』[20]는 이에 대한 대표적 실례일 것이다. 아름다움의 구현인 '예술'을 통해 이상적인 사회를 구현할 수 있다는 이상주의 미학의 "예술숭배론" 역시 칸트적 미의 개념 규정이 그 바탕을 이룬다. 어느 미학사가의 말대로 칸트는 "예술"이 "철학과 종교"의 자리에 들어서고, "예술가"가 "사상가나 성직자"를 대신하는 "예술 종교"의 길을 열어놓은 것이다.[21]

2. 역사적 상황에 대한 비판적 성찰로서의 미학의 정립

칸트의 미학을 미학사의 획기적인 전환으로 볼 수 있는 두 번째 근거는 칸트가 그의 '미에 대한 논의'를 '오로지 미에 대한 논의'로 제한하지 않고, 그의 미학을 계몽주의적 합리성을 바탕으로 하고 자본주의적 경제체제를 근간

---

[20] 원제는 『일련의 편지를 통한 인간의 미적교육(Ästhetische Erziehung des Mennschen in einer Reihe von Briefen)』.
[21] Zimmermann. p. IX.

으로 하는 현대의 시민 사회에 대한 비판적 성찰의 장으로 만든 데서 찾아볼 수 있다.

물론 칸트는 『판단력 비판』의 어느 곳에서도 자신의 시대와 사회에 대한 직접적인 비판적 언급을 하지 않는다. 이는 쉴러가 그의 『미학 편지』를 광범위한 시대 비판으로, "모든 것이 모든 것으로부터 분열된 사회", "유용성이 커다란 우상이 되었고, 모든 힘과 모든 재능이 이 우상을 섬겨야 하는"[22] 시대에 대한 치열한 비판으로 시작한 것과는 큰 대조를 이룬다. 그러나 칸트의 직접적인 언급이 없다 해도 시대의 실상과 모순은 그의 모든 미학 이론의 배경을 이룬다. 바로 이러한 관점에서 마르크바르트는 칸트 미학을 이 시대의 모순과 문제에서 벗어날 길을 찾아보려는 시도로, 즉 "출구에 대한 대화"[23]로 규정한다.

칸트가 파악한 가장 심각한 시대적 문제는 오로지 합리성에 매몰된, 그리고 그 결과로 도덕적으로 타락한 계몽의

---

[22] 김수용. pp. 57을 참조할 것.
[23] Marquard. p. 234.

문제였다. 칸트 자신을 포함하여 당시의 많은 지식인들은 계몽을 무지와 미몽에서, 무엇보다도 종교적 권위와 속박에서의 인간의 "해방"으로 생각했다. 계몽은 세상의 어둠을 밝히는 "빛"으로 찬양된 것이다. 그러나 칸트는 계몽이 오로지 합리성에만 매몰되어 "계산적", "수학적"으로 편향되어가는 사실을 간과하지 않았다. 그의 미학 이론은 이러한 편향된 계몽, 편향되었기에 "전체에 대한 사유"를[24] 할 수 없는 반쪽짜리 계몽을 '계몽'하려는 시도이기도 하다.

'전체'를 사유할 수 없는 근대의 물리적 자연과학은 오로지 '현상'만을 볼 뿐 "물자체(物自體, Ding an sich)"는 보지 못하며, 개별적 현상 간의 개별적 인과관계만을 인식할 뿐 전체적인 자연 법칙에 대한 시각은 가지지 못한다는 칸트의 비판은 『순수이성비판』에서 이미 시작되었다. 그가 "물자체"와 "현상"을 구분한 것은 수학적 자연과학의 사유수단으로는 오로지 현상만을 인식할 수 있을 뿐 "물자체"에 대한 근원적 인식에는 이를 수 없다는 결론에서 연유된 것

---

[24] Marquard. p. 237.

이다. 그럴 것이 이러한 사유방식에서는 "이성의 가능한 모든 사변적 인식이 오로지 경험의 대상에만 제한되어" 있기 때문이다. 그러나 칸트는 "그럼에도 불구하고 (…) 우리는 바로 이 대상들을 물자체로서, 비록 인식할 수는 없으나, 최소한 사유할 수는 있어야 한다"[25]라고 강조한다. 그가 『판단력 비판』에서 개진한 미학 이론은 이같이 현상에만 국한된 자연과학적 인식과는 전혀 다른 유형인 "본래적 인식(Erkenntnis überhaupt)"에 대한 추구이기도 하다.

칸트가, 앞에서 이미 언급한 것처럼, "관심 없는 만족"을 미적 판단의 핵심 척도로 규정한 사실 역시 시대의 심각한 병적 증상에 대한 비판의 표현이다. 그는 "관심"을 인간의 "욕구능력(Begehrungsvermögen)"에서 연유한 것으로 규정한다.[26] 관심은 그것이 고귀한 도덕적 욕구이든 아니면 감각적이고 물질적인 욕망이든, 인간 욕망의 소산인 것이다. 그런데 칸트의 시대에 정립되기 시작한 시민적 자본주의 사

---

[25] KrV, 52.
[26] KU, 204.

회는 바로 이 인간의 "욕구능력"을 기반으로 한다. 물질적 욕망의 추구와 이익의 극대화는 자본주의적 경제의 본성이기 때문이다.

따라서 칸트가 "관심 없는 만족"을 미적인 것의 한 본령으로서 규정한 것은 그가 아름다움을 이윤추구의 극대화를 본성으로 하는 사회에서 바로 이 이윤추구의 원칙으로부터 자유로운 영역으로 상정하고 있음을 말해준다. 어느 철학자는 계몽을 "탈마법화"로, 즉 신화라는 마법에서의 인간의 해방으로 규정하는 것에 빗대어 계몽을 "이익추구적 사유의 탈마법화"로 단정했다. 기독교적 교리에 의해 어느 정도 얽매여 있던 인간의 이익추구 욕망이 계몽으로 인한 종교적 권위의 몰락으로 완전히 풀려났다는 것이다.[27] "모두의 모두와의 투쟁"이라는 자본주의적 사회의 생존 경쟁은 이러한 역사적 과정의 필연적 산물이다. 이 관점에서 보면 "무관심"을 본성으로 하는 칸트적 의미에서의 아름나움은 무엇보다도 이 생존 경쟁에서의 해방을 의미한

---

[27] Marquard, p. 235.

다. 아름다움은 생존 경쟁이 없는 생존의 가능성이 열린 곳이다.

칸트가 미적 판단의 두 번째 기준으로 정한 "목적 없는 합목적성" 역시 1차적으로는 유용론으로 타락한 당시의 계몽적 합리성에 대한 비판으로 해석할 수 있다. 모든 것을 목적과 수단의 관점에서 바라보는 합리성, 그 무엇도 그 자체의 목적으로 존중하지 않고 이용 가능성의 관점에서만 바라보는 합리성, 이러한 '목적이성'과 '유용론'의 대두는 18세기 유럽 계몽주의가 당면한 가장 큰 문제이기도 했다. 칸트의 미학이 추구하는 아름다움은 바로 이러한 타락한 계몽에 대한 비판이기도 하다. "목적 없는 합목적성", 즉 사물을 그 어떤 외적인 목적과의 관계에서 바라보지 않고("목적 없는") 그 자체의 목적으로 존중하는 것("합목적성")은, "관심 없는 만족"과 더불어 칸트 미학의 핵심적인 주제이다. 이 주제들은, 목적이성적 시각의 부정을 통해, 그리고 이해타산적 관심의 부정을 통해, 현대 자본주의 사회의 현실에 대한 이상주의적 '부정'을 표상한다. 칸트의 미학은 현실에 대한 성찰과 비판의 장인 것이다.

이러한 관점에서 보면 칸트를 비롯한 이상주의 미학에 대해 흔히 제기되는 비판, 즉 현대의 시대적 상황이 그 때와는 전혀 다르기에 아름다움을 중시하는 미학은 이제 비현실적이며, 설 자리가 없다는 비판은 최소한 일방적이다. 그럴 것이 이 '이상주의적' 미학은 '이상' 사회의 소산이 아니기 때문이다. 칸트, 멘델스존(Mendelssohn), 헤르더(Herder), 레싱(Lessing), 쉴러 등이 살던 세계는 결코 온전하고 건강한 환경, 아름다움의 이상이 실재할 수 있는 세계가 아니었다. 그들의 미학이 내세운 아름다움의 이상은 '부정적' 현실에 대한 '부정'이었다.

3. 주관적 · 인간학적 미학의 성립

앞에서 이미 언급한 것처럼 『판단력 비판』의 핵심 주제는 "취미판단"이다. 그리고 이 취미판단이 이느 대상이 아름다운지 아닌지를 결정하는 '미적 판단'임도 이미 설명했다. 그런데 칸트적 의미에서의 이 미적 판단을 특징짓는 것은, 이 판단이 판단 대상에 대한 물음을 철저히 배제한다는 사실이다. 대상에 대한 '아름답다'라는 의식은 대상을 구성하는 어떤 물질이나 소재 또는 대상의 형태 및 성질과 어떤 논리적인 인과관계도 없는 것이다. 『판단력 비판』은 특정한 대상의 아름다움이 아니라, 그 대상을 아름답다고 판단하는 주체의 판단능력을 비판적으로 검토, 분석한다. 따라서 어느 대상이 그 어떠한 형태와 성분으로 인해, 어떤 환경에서 '아름답다'고 판단되는지 등의 물음은 논의의 대상이 아니다.

미적 판단이 판단의 대상과 직접적인 관계가 없다는 것은 이 판단이 오로지 판단 주체와만 관련되어 있음을, 좀 더 구체적으로 말하자면 주체의 내적인 행위임을 의미한다. 칸트의 표현을 빌면, 어떤 대상을 "아름답다고 말하는 데 중요한 것은 내가 나 자신 안에 이 (대상의) 표상에서 "그 무엇"을 만들어내는 것이지, 나로 하여금 이 대상의 실제적 존재에 의존하게 하는 것이 아닌" 것이다.(KU, 205) 칸트의 미적 판단이 이처럼 오로지 주체에 의한 것이어서 이 판단은 철저하게 "주관적"이다.

그렇다면 미적 판단은 우리 안에 무엇을 만들어내는가? 이 문제는 다음 장에서 자세히 논의할 것이나, 요약하자면 "우리 자신에 대한 그 어떤 본질적인 것의 경험"[28]이다. 이 "본질적인 것"은 상상력과 지성(知性, Verstand)이라는 두 "인식능력" 간의, 즉 감각적인 것과 지성적인 것 사이의 조화, 그리고 이를 바탕으로 한 이 두 요소 사이의 "자유로운 유희"로서 나타난다. 그리고 우리는 이 유희를 통해 지성이 주도하는 '논리적 인식'과는 전혀 다른 "본래적 인식"에 이를 수 있으며, 또한 세계와 사물들에 대해, 인식 판단을 할 때, 도덕적 행위를 실천할 때, 그리고 목적이성과 유용론적 합리성이 지배하는 일상적 삶을 영위할 때와는 전혀 다른 시각을 얻을 수 있게 된다. 우리는 외부 세계를 향해 학문적·논리적 자세나 유용론적 자세에서 벗어나 하나의 "미적 자세"를 취할 수 있게 되는 것이다. 칸트가 말하는 "관심 없는 만족", 또는 "목적 없는 합목적성"을 의식함으로써 생성된 "즐거움의 감정(Gefühl der Lust)"은, 다시 말하면

---

[28] Recki, p. 20.

'그 어떤 대상이 아름답다'는 판단은 그 대상을 향한 판단 주체의 이러한 "미적 자세"의 결실이다.[29]

칸트의 미적 판단은 이처럼 '주관적'이다. 즉 주체의 특별한 내적 상황의 표현이며, 칸트의 용어에 따르면 주체의 "심성적 움직임(Gemütsbewegung)"의 결과이다. 칸트의 미학이 이처럼 이론적 초점을 대상에서 주체로 옮겼기에, 즉 대상의 현존적 형태와 특성이 아니라 주체 내부의 "심성적 움직임"에서 "아름다움"의 본성을 찾기에, 그의 미학은 철저하게 '인간학적'이다. 그리고 이는 대상, 즉 객체로서 존재하는 물질의 특성에서 미의 개념을 규정하려는 존재론적 미학의 오랜 전통에서 벗어난 획기적인 시도이기도 하다. 발터 슐츠는 그의 『미학의 역사 연구』에서 주관적 인간학적 미학으로의 급격한 전환이 칸트의 『판단력 비판』을 미학사에서 하나의 획기적인 전환점으로 만들었다고 규정한다.[30] 칸트에서 시작된 이러한 인간학적 미학은

---

[29] Paetzold, p. 55.
[30] Schulz, p. 256.

후에 프리드리히 쉴러의 『인간의 미적 교육에 대하여(Über die ästhetische Erziehung des Menschen)』에서 정점에 달한다.

취미판단이 이처럼 대상이 아니라 주체 내부의 심성적 움직임을 분석의 대상으로 삼기에, 이 판단에는 대상을 '아름답다'라고 규정하는 어떠한 객관적인 기준도 존재하지 않는다. 예를 들어 "이 장미는 아름답다"라는 판결문에서 주어인 "이 장미"의 어떤 요소도 "아름답다"라는 술어와 관련되지 않는다. 단지 이 판단에서 아름다움은 "마치 대상의 한 특성인양, 그리고 판단은 논리적인 것처럼"(KU, 213) 서술되었을 뿐이다.

칸트 미학이 이처럼 주관적이고 그의 취미판단이 "객관적인 원칙"이 배제된 미적·감성적 판단이라는 사실은 '칸트의 미학에서 아름다운 대상과 아름답지 않은 대상의 구분이 과연 가능한가?' 하는 근원적인 물음을 야기하는 원인이기도 하다. "관심 없는 만족"과 이 만족에서 생성된 "즐거움의 감정"만이 '대상이 아름답다'라는 판단의 유일한 증거라는 논리는, '감정'이 그 어떤 객관적인 원칙이나 기준이 불가능한 비논리적 영역이라는 사실을 감안하면,

칸트적 의미에서의 취미판단에서는 아름다운 대상과 아름답지 않은 대상의 객관적인 구분은 사실상 불가능함을 말해준다. 칸트 자신도 바로 이러한 관점에서 "미적인 것에 대한 학문은 존재하지 않으며 또한 존재할 수도 없다"라고 단언한다. "취미판단이 (객관적) 원칙들에 의해 규정될 수 없기" 때문이다.[31]

이처럼 칸트의 관점에서는 대상은 취미판단을 촉발시키는 "계기"나 "동기"를 넘어서는 그 어떤 역할도 하지 못한다. 그리고 쿨렌캄프 등을 위시하여 칸트 미학을 실패한 미학으로 보는 학자들은[32] 대부분 이 사실에서 그들의 부정적 비판의 근거를 찾는다. 미의 판단이 대상은 배제된 채 오로지 주관적으로 행해지고, 판단자의 감정적 상황에만 의존하는 미학은 '학문적'으로는 성립될 수 없다는 것이 이 비판의 주된 내용이다. 이러한 주관적 판단에서는 "모든 사물이 원칙적으로 아름다울 수 있는 것이다."[33]

---

[31] KU, 355. 괄호 안은 필자의 부연설명임.
[32] Kulenkampff, *Kants Logik*, p. 110.
[33] Scheer, p. 107.

칸트 미학의 주관성 문제에 대한 논란은, 이 미학의 핵심부분을 구성하는 취미판단에 대한 이해와 해석을 판단의 객체인 '대상'의 현존에서부터 시작하는 한, 종식될 수 없다. 즉 존재론적 미학의 시각으로 시작하는 한 해소될 수 없는 것이다. 그렇다면 이 문제를 판단 주체에서 시작하여 대상으로 옮겨가는 시각으로, 즉 인간학적 시각으로 본다면 어떨까? 이 연구서는 이러한 인간학적인 시각이 칸트 미학의 실체에 대한 좀 더 근접된 결과를 가져올 수 있다는 전제에서 출발한다. 그럴 것이 칸트의 미학은 독일 이상주의 미학에 내재하는 인간학적 본성의 시발점을 이루고 있기 때문이다. 뒤에서 자세히 논의하겠지만, 그의 미학은 미적 판단의 주체인 인간에 대한 탐구이다. 즉 칸트의 '주관적' 미학은 '주체적' 미학의 다른 이름인 것이다. 판단의 주체인 인간이 인간 본연의 상태로 돌아갈 때, 그래서 "상상력"(감성적 능력)과 "지성"(정신적 능력)이 조화를 이루고, 그들 간에 "자유로운 유희"가 가능할 때, 즉 인간이 "미적 자세"를 가질 때, 인간은 세계와 사물에 대한 새로운, 좀 더 근원적인 이해에 이르게 된다. 그는 "관심 없는" 상태, 즉 이해관계적 관심에서 벗어난 자유로운 상태에서 비로소 사물에 대한 다른 차원의 관심, 칸트에 따르면 합리성의 매개를 거치지 않는 "직접적이며" 동시에 "지적인 관심(intellektuelles Interesse)"을 얻게 되고, 이 관심은 그로 하여금 자연과 사물의 아름다움에 대한 "경탄"과 "만족"을 얻게 한다(KU, 299). 그는 "목적 없는" 시각, 즉 자연과 사물을 목적-수단의 관점에서만 보는 시각에서 벗어남으로써 비로소 자연의 모든 대상의 존재를 그 자체의 목적으로 존중하는 것을 배울 수 있다. 즉 그들의 "합목적성"에 대한 이해에 이를 수 있는 것이다. "아름답다"라는 미적 판단은 이 모든 것을 포괄한다. 그리고 이 판단은 인간이 "미적 자세"를 가질 때에만 내려진다. 대상은 그것이 가진 아름다움으로 인간을 미적 자세로 이끄는 것이 아니다. 인간이 미적 자세를 가질 때 비로소 대상의 아름다움이 그에게 구현되는 것이다.

'미'의 '진'과 '선'에서의 독립과 자율성, 미학 논의의 배경을 이루고 있는 시대에 대한 광범위한 성찰과 비판, 그리고 미학 이론의 인간학적 본성, 이들은 칸트의 미학을 서양 철학사 및 미학의 역사에서 획기적인 전환점으로 만드는 요소이며 동시에 칸트 미학의 핵심을 이루는 사항이다. 이 연구서는 '미적 자세'라는 용어에 이 요소가 모두 포괄될 수 있다는 전제로 이들의 구체적인 내용과 이들 간의 상호관계 및 작용을 서술하고자 한다.

II

취미판단

1. 판단력과 인식판단

취미판단(Geschmacksurteil)은, 주제로서의 비중이나 논의의 양에서, 칸트의 『판단력 비판』에서 핵심적인 위치를 차지한다. 칸트가 그의 미학 이론을 다루는 제3비판에서 아름다움에 대한 논의를 사실상 취미의 이론으로 전개하고 있기 때문이다. 칸트 자신도 구상 단계에서는 이 저서를 "취미 비판"으로 계획하기도 했다.[34] 그는 '취미'를 근본적으

---

[34] M. Herz에 보낸 1787년 12월 24일자 칸트의 편지. Wenzel, p. 1 참조.

로 "아름다움을 판단하는 판단능력"으로 생각한 것이다.[35] 바로 이러한 맥락에서 어느 학자는 『판단력 비판』을 '취미 비판'으로 불러도 무리가 없을 것이라고까지 말한다.[36]

그럼에도 불구하고 칸트의 세 번째 비판이 '취미 비판'이 아니라 『판단력 비판』으로 최종 출간되었음은 유의해야 할 사실이다. 이는 이 저서의 문제제기가 '취미'로서 대변되는 주관적 미적 체험이나 미적 반성을 넘어서는 훨씬 더 광범위한 것임을, 즉 미적 반성의 분석을 넘어서서 이러한 반성을 원천적으로 가능하게 하는 인간의 능력에 대한 근본적인 분석을 포함하고 있음을 시사해 주기 때문이다. 또한 칸트가 취미를 미적 '판단'으로서, 다시 말하면 '판단력'이라는 큰 틀 안의 한 독특한 유형으로 규정한 것 역시 주목할 만한 사실이다. 이는 칸트가 대상의 아름다움 여부를 판별하는 능력으로서의 취미를 근원적으로는 인간의 인식능력의 하나로서 보고 있음을 말해주기 때문이다. 칸

---

[35] "취미의 정의: 그것은 아름다움의 판단능력이다." KU, 203. 각주.
[36] Wieland, p. 5 참조.

트에 의하면 판단력은 "지성(Verstand)과[37] 이성(Vernunft) 사이의 중간 고리"로서 "상위 인식능력의 계보"에 속해 있다.[38] 따라서 미적 체험으로서의 취미는 대상의 아름다움 여부에 대한 판단이지만 동시에 대상에 대한 인식행위의 하나이기도 한 것이다. 비록 이 인식이 지성에 의해 주도되는 논리적, 개념적인 인식과는 전혀 다른 성격과 유형의 것이라 할지라도 말이다. 하인츠 패촐트는 『독일 이상주의 미학』이라는 연구서에서 "미적 체험의 인식론적 의미"에 대한 강조를 『판단력 비판』의 가장 중요한 업적 중 하나로 들었다.[39]

"본래적 인식"[40]이란 용어로 집약될 수 있는 취미판단의

---

[37] 독일어 Verstand는 대부분 "오성(悟性)"으로 번역되지만, 그 본래 의미에서는 물질적, 자연적 차원의 범위 내에서의 대상에 대한 인식능력, 즉 인간의 지적(知的) 본성이다. 이를 '오성'으로 번역하면 물질적 차원을 넘어서는 '초월적 진리의 깨달음 능력'으로 오해될 여지가 있다.

[38] KU, 177: "상위 인식능력의 계보 안에는 지성과 이성 사이의 중간 고리가 하나 있다. 이것이 **판단력**이다. (…)"

[39] Paetzold, p. 55.

[40] Erkenntnis überhaupt는 한국 철학계에서는 대부분 "인식 일반"

인식능력에 대해서는 다음에 자세하게 논의할 것이다. 그러나 우선 강조해야 할 것은 이러한 인식능력이 칸트적 미적 체험을 대상과는 완전히 단절된, 오로지 주관적인 체험으로만 단정할 수 없음을 말해준다는 사실이다. 칸트에 의한 "미학의 주관화"라는[41] 가다머의 명제 이후 지속되어온 해석, 칸트 미학의 "비대상성(Ungegenständlichkeit)"[42] 또는 칸트 미학에 있어서 대상이라는 "실체의 포기"[43] 등등의 표현으로 지속되어온 칸트 해석은 최소한 칸트적 의미에서의 취미판단이 자신만의 독특한 인식능력을 통해서 대상과 연계된다는 사실을 도외시하는 것이다. 칸트가 『판단력비판』에서, 비록 아름다운 대상에 대한 어떠한 객관적인 특징이나 개념적 원칙도 제시하고 있지 않으나, 계속해서 "대상" 또는 "객체(Objekt)"에 대해 언급하고 있다는 사실도

으로 번역한다. "본래적 인식"과 "인식 일반" 중 어느 번역이 좀 더 타당한지는 다음 장에서 자세히 논의할 것이다.
[41] Gadamer, p. 39.
[42] Wieland, p. 223.
[43] Bubner, p. 63.

이러한 맥락에서 이해할 수 있을 것이다.

그렇다면 취미판단은 구체적으로 어떠한 판단이며, 또 판단력이라는 말에서 일반적으로 이해되는 "인식판단(Erkenntnisurteil)"과는 어떻게 구분되는가?

어떤 유형의 것이든 판단이 이루어지려면 우선 판단의 주체가 있어야 하고 다음으로는 판단의 객체, 즉 대상이 있어야 한다. 인식판단과 취미판단의 근본적인 차이는, 칸트에 따르면, 판단 내용과 판단 대상 그리고 판단 주체 간의 상호관계의 차이에서 연유한다. 인식판단에 있어서는 판단 내용은 판단 대상과 관계된다. 예를 들어 "이것은 장미다"라는 인식판단에서는 "장미"라는 판단 내용은 "이것"이라는 판단 대상과 직접적으로 관계된다. "이것", 즉 대상에 대한 관찰과 성찰을 통해서 주체는 "이것"이 "장미"라고 인식하고, 이 인식에 따라 판단을 내리는 것이다.

그러나 잘 알려진 바와 같이, 칸트의 인식론에 따르면 '사물 자체(Ding an sich)'에 대한 인식은 우리 인간에게는 불가능하다. 그가 "예지체(Noumenon)"라고 부른 사물 자체는 시각, 청각, 후각, 촉각, 미각 등을 관장하는 감각기관을 통해 감각적 형식으로만 우리에게 "현상(erscheinen)"할 뿐이며, 우리는 이 한계를 뛰어넘은 그 어떤 접촉도 이 현상의 배후에 있는 사물 자체와 가질 수 없는 것이다. 따라서 우리에게 감각기관을 통해 "지각(知覺, wahrnehmen)"되는 것은 대상 자체가 아니라 대상의 현상인 바, 이 현상, 흔히 "직관(直觀, Anschauung)"이라고 불리는 이 현상이 우리의 인식의 객체이다.

그런데 이 직관은 각각의 감각기관이 그들의 상이한 기능에 따라 수집한, 대상에 대한 가지각색의 자료가 무질서하게 모여 있는 집합체이다. 이 혼란스러운 자료 집합체, 칸트가 "다양한 것(ein Mannigfaltiges)"으로 규정한 직관을 하나의 질서 있는 전체로서 "합성"하는 기능을 하는 것이 바로 "상상력(Einbildungskraft)"이다.

> 그러나 각각의 현상이 다양한 것을 지니고 있기에, 그래서 여러 가지 지각된 것이 마음속에 흩어져 있기에 (…), 이 지각된 것이 감각 안에서 자체적으로는 가질 수 없는 결합이 필요하다. 우리 안에는 우리가 상상력이라고 부르는 (…) 이 다양한 것을 합성하는 활동적

인 능력이 있다. 말하자면 상상력은 직관의 다양한 것
을 하나의 형상으로 만들어야 하는 것이다.[44]

상상력이 직관 안의 다양한 것을 하나의 질서 있는 전체
로서 형상화한 것이 바로 "표상(Vorstellung)"이다. 그러나 표
상으로의 형태화 작업에 있어서 상상력은 완전한 자율성
을 가지지는 못한다. 왜냐하면 직관의 다양한 것을 전체로
서 합성하려면 기준이 될 '규칙'이 필연적이지만, 그 자체
로서 "합법칙적"이지 못한(KU, 241) 상상력은 규칙을 생성해
낼 수 없고 따라서 법칙 수립 능력이 있는 지성의 도움을
받아야 하기 때문이다. 칸트의 인식체계에 있어서는 지성
만이 "법칙수립적"인 것이다.[45]

상상력에 의한 표상의 형태화가 인식의 첫 번째 단계라
면, 지성이 이 표상에서 하나의 개념을 도출해내는 것이
인식의 두 번째 단계이다. 지성은 상상력에 의해 표상이라

---

[44] I. Kant: Kritik der reinen Vernunft, A. p. 99. Stolzenberg, p. 8에
서 재인용.
[45] KU, 178: "인식능력에 대해서는 지성만이 법칙수립적이다."

는 하나의 통일적 전체로 합성된 자료들을 선별하여 이 선별된 자료들에 논리적이며 개념적인 통일성을 부여하는 기능을 수행한다. 칸트가 지성을 "개념의 능력"으로 규정한 것은 이러한 맥락에서이다.[46]

> 대상은 표상을 통해 주어지는데, 일반적으로 이 표상에서 하나의 인식이 생겨나려면, 표상에는 직관의 다양한 것을 합성하기 위해서 **상상력**이, 그리고 표상들을 하나로 결합하는 개념의 통일성을 위해서 **지성**이 필요하다.[47]

요약하면 무수한 자료의 혼란스럽고 질서 없는 집합체인 '직관'이 상상력에 의해 하나의 결집된 형상으로 형태화되어 '표상'을 이룬다면, 지성은 이 표상을 통해 제공되는 자료들을 더 가다듬어서 이 표상에 하나의 '개념적인' 통일성을 부여한다. 즉 표상을 사유를 통해 '개념화될 수 있는 것으로' 만드는 것이다.[48]

---

[46] 예를 들면 KU, 190, KU, 228.
[47] KU, 217. 강조는 칸트에 의한 것임.

"판단력"은 인식의 세 번째 단계를 담당한다. 칸트는 판단력을 "특별한 것을 보편적인 것 아래에 함유되어 있는 것으로 사유하는 능력"(KU, 179)으로 정의한다. 즉 개별적이고 특수한 것들을 보편적인 것 아래 "포섭(包攝, subsumieren)" 하는 능력인 것이다. 이 경우 "보편적인 것(규칙, 원리, 법칙)"이 이미 주어져 있고, 따라서 판단력이 특수한 것을 그 아래로 포섭하는 기능을 할 때 이 판단력은 칸트에 따르면 "규정적(bestimmend)"이다(KU, 179). 즉 규정적 판단력은 어떤 대상의 표상을 어느 개념이나 범주에 포섭된 것으로 '규정하는' 기능을 하는 것이다. 이 경우 '판단'과 '규정'은 동일한 것을 의미한다. 판단의 양태가 규정으로서 나타나는 것이다. 반대로 다만 특수한 것만이 주어지고, 그래서 판단력이 이 특수한 것을 포섭할 보편적인 것을 찾아야 할 경우,

---

[48] 칸트는 개념 창출을 위한 인식능력들 간의 이러한 협력적 관계를 "조화로운" 관계, "합치(Zusammenstimmen)", "화합(Übereinstimmen)" 등의 용어로 표현한다. 그러나 인식판단 때의 상상력과 지성의 "합치"나 "화합"은 취미판단 때 두 능력들 간에 이루어지는 "자유로운 유희"의 "합치"나 "화합"과는 그 본성을 달리한다. 인식판단 때의 상상력은 법칙 수립 능력을 가진 지성의 지시를 받아야 하기 때문이다. Stolzenberg, p. 9 참조.

판단력은 "반성적(reflektiered)"이다(KU, 179). '반성적'이라 함은 이 경우 '판단'이 '반성', 즉 성찰(省察)의 행위이기 때문이다. 주어진 대상을 포섭할 아직은 존재하지 않는 개념이나 범주를 찾는 일은 곧 사유의 작업인 것이다.

이처럼 대상에서 직관, 직관에서 표상, 표상에서 개념으로 이어짐으로써 하나의 "인식"이 산출된다. 그리고 판단력이 이와 같이 개념화를 통해 인식과 관계될 때, 이것이 내리는 판단은 '인식판단'이다. 이 인식판단에서 주도적인 기능을 수행하는 인식능력은 이성의 영역에 속하는 지성이다. 상상력이 포착한 직관의 다양한 것을 하나의 개념적 규칙에 종속시키고, 이 규칙을 통해 이 다양한 것(즉 다양한 자료)을 하나의 특정한 결합체, 즉 어떤 특정한 개념으로 고착시키는 것은 지성의 역할이기 때문이다. 인식판단에 있어서는 감성의 영역에 속하는 상상력은[49] 지성에 개

---

[49] 칸트는 『순수이성비판』에서 "상상력"이 "감성(Sinnlichkeit)"에 속한 것으로 볼 수 있으나, 그럼에도 상상력이 "직관의 합성을 범주에 일치하게" 생성할 수 있다고 정의했다. I. Kant: Kritik der reinen Vernunft, B, p. 152. Scheible, p. 117에서 재인용.

념 형성을 위한 자료를 제공하는 제한적인 기능을 할 뿐이다. 상상력과 지성, 이 인식능력들 간의 관계가 조화와 균형을 이루고, 이를 바탕으로 한 양자 간의 "자유로운 유희(freies Spiel)"는 취미판단에서야 비로소 가능해진다.

2. 판단력과 취미판단

(1) "미적 · 감성적" 본성: 판단 주체와 판단 대상의 분리

칸트는 『판단력 비판』의 첫 절부터 취미판단을 인식판단과 엄격하게 구분한다. "취미판단은 미적 · 감성적이다"(KU, 203)라는 첫 절 표제어부터 취미판단이 인식판단과는 본성과 구조가 전혀 다름을 강조하는 내용이다. "미적 · 감성적(ästhetisch)"이라는 표현으로 칸트는 취미판단이 인식판단과는 달리 논리적이거나 객관적이지 않음을 분명히 한다. 대상의 아름다움 여부를 판단하는 미적 판단으로서의 취미는 '비논리적'이며 '비객관적', 즉 '감성적'이며 '주관적'인 것이다.

> 그 무엇이 아름다운지 아름답지 않은지를 구분하기 위해서 우리는 표상을 인식의 목적으로 지성을 통해 객체에 연관시키지 않는다, 상상력을 통해 (아마도 지성과 연결되어) 주체 그리고 주체의 유쾌함과 불쾌함의 감정에 연관시킨다. 그러므로 취미판단은 인식판단이 아니다, 따라서 논리적이 아니라 미적·감성적이다. 미적·감성적이라는 말에서 사람들은 그것의 규정근거가 오로지 주관적일 수밖에 없는 것을 이해한다. (KU, 203)

취미판단을 인식판단과 구분하는 가장 결정적인 요인은 상상력이 만든 표상이 '객체와 연관되지 않는다'는 사실이다. 인식판단의 경우 표상은, 또는 표상이 내포한 다양한 자료는 지성에 의해 정선되고 엄격한 통일성을 부여받아 하나의 특정한 개념에 속한 것으로 규정된다. 예를 들어 '이 꽃은 장미이다'라는 인식판단의 경우 대상인 '이 꽃'의 표상에 내포된 다양한 자료는 지성에 의해 분석되고 법칙에 따라 선발되고 통일적으로 배열되어 '장미'라는 개념적 인식에 이르게 되는 것이다. 즉 표상은 "인식의 목적으로 지성을 통해 객체와 연관되는" 것이다. 인식이 이처럼 개념적 법칙성을 따라 이루어졌기에, 인식판단은 "논리적"이며, 또 표상의 자료들에 대한 분석과 사유가 판단 대상, 즉 "객체"와 연관되기 때문에 "객관적"일 수 있는 것이다.

그러나 취미판단의 경우 표상은 판단 대상이 아니라 판단의 주체와만 관계를 가진다. 대상의 표상이 판단 객체인 대상과 관계하지 않으므로 이 취미판단에는 대상에 대한 개념적 규정이 완전히 배제되어 있다, 즉 비개념적인 것이다. 예를 들어 '이 꽃은 아름답다'라는 취미판단의 경우 '아름답다'라는 판단 내용으로서의 술어(述語)는 판단 대상으로서의 주어(主語)인 '이 꽃'의 개념 규정이나 인식과는 아무런 관계도 없는 것이다. 또한 대상의 표상이 오로지 주체, 그것도 "주체의 유쾌함과 불쾌함의 감정"과만 관계하기 때문에 이 판단은 '주관적'일 수밖에 없다. 그리고 감정은 결코 논리적일 수 없기에 취미판단은 '비논리적' 본성을 가진다. 이러한 취미판단의 '비개념성', '비논리성', '주관성(즉 비객관성)'을 칸트는 "미적・감성적"이라는 말

로 표현하는 것이다.[50]

취미판단이 비논리적, 비개념적, 주관적이기에 이 판단에서는 어떠한 논리적 외연확대도 불가능하다. 예를 들면 '이 장미는 아름답다' - '저 꽃도 장미이다' - '그러므로 저 꽃도 아름답다'와 같은 논리전개는 불가능한 것이다. '이 장미는 아름답다'라는 취미판단은 그러므로 오로지 '이 장미'라는 단 하나의 대상에 대한 단 한 번의 유일한 판단이다. 즉 철저하게 단칭판단인 것이다. 따라서 취미판단은 논리적인 필연성이나 개념적 보편성 등을 가질 수 없다. 그러나 바로 이러한 비논리적, 비개념적 단칭판단인 취미판단에 칸트는 선험적인, 그러기에 필연적인 보편타당성을 인정한다. 이 문제는 칸트 미학의 최대의 쟁점 중 하나인 바, 이 "주관적 보편타당성"에 대해서는 "공통감(共通感, Gemeinsinn)"을 다루는 단원에서 자세히 논의할 것이다.

앞의 예문에서 칸트는 취미판단의 경우 대상의 표상은

---

[50] "한 객체의 표상에서 오로지 주관적인 것, 즉 표상의 객체에 대한 관계가 아니라 주체에 대한 관계를 형성하는 것, 그것이 표상의 미적·감성적 본성이다." (KU, 188)

대상이 아니라 판단의 주체, 특히 주체의 "유쾌함과 불쾌함의 감정"하고만 관계를 가지며, 바로 그러한 이유로 취미판단은 "주관적"이며 "미적·감성적" 본성을 가진다고 강조했다. 그렇다면 표상은 칸트의 취미판단에 있어서 주체와 어떻게 연관되는가? 또는 주체와만 관계를 가진다는 것은 구체적으로 무엇을 의미하는가? 라는 의문이 제기된다. 취미판단은 기본적으로 '대상'에 대한 미적 판단이다. "어떤 대상을 아름답다고 부르려면 무엇이 필요한지"를[51] 비판적으로 검토하는 판단인 것이다. 그리고 대상은, 칸트가 반복하여 강조하는 것처럼, 오로지 "표상을 통해서만" 우리에게 주어진다. 그런데 바로 이러한 취미판단에서 판단의 직접적인 '객체'이자 판단을 위한 가장 기초적인 자료를 제공해야 할 표상이 자신의 원천인 '대상'이 아니라 판단의 주체와만 관계를 맺는다는 것은 얼핏 보아서는 이해하기 어려운 명제이다. 그렇다면 여기서 '판단'되는 것은 근본적으로 무엇인가? 대상의 아름다움 여부인가, 아니

---

[51] KU, 203, 각주.

면 주체의 내적 상황인가? 이 물음, 즉 취미판단의 "주관성"의 의미에 대한 이해는 칸트 미학에 입문하는 첫 번째 열쇠이다.

취미판단이 '주관적'이라 함은 무엇보다도 이 판단에서 논의하는 '아름다움'의 개념이 '객체'라는 물질적 대상과 연관되어서는, 즉 "물질론적으로는 결코 고착될 수 없다는 것"을 의미한다. 어느 대상이 '아름답다'라는 판단은 해당 대상의 유형이나 아니면 특성 등과는 아무런 관계도 없다는 의미이다. 즉 칸트적 의미에서 아름다움은 물질론적 또는 존재론적으로는 해명될 수 없음을 의미하는 것이다.[52] 칸트에 따르면 "우리가 어떤 것을 아름답다고 부를 때", 우리는 아름다움이 "마치 그 대상의 (…) 한 성질로 간주될 수 있는 것처럼" 말할 따름인 것이다. 칸트의 미학에서는 아름다움은, 최소한 1차적으로는, 대상과는 아무런 관계가 없다. 오로지 주체, 특히 "주체의 감정과의 관계" 안에서만 논의할 수 있는 것이다. 칸트가 "그러나 아름다움은 주체

---

[52] Recki, p. 20.

의 감정과의 관계 없이는 그 자체로서 아무것도 아니다"(이상KU, 218)라고 강조한 것도 바로 이러한 맥락에서이다. 취미판단에서 이처럼 판단 대상의 표상이 대상이 아니라 오로지 주체의 유쾌함과 불쾌함이라는 감정과 관계를 가지기에, 그리고 이 관계를 통해서는 "객체의 그 무엇도 표시될 수 없기에"(KU, 204) 칸트의 미학에서 '아름다운 대상은 무엇인가 하는 물음에 대한 보편적이며 실질적인 답변은 기대할 수 없다. "취미판단이 인식판단이 아니며, 따라서 대상의 성질에 대한 개념, 그리고 이런저런 원인으로 인한 대상의 내적 및 외적 가능성의 개념에 관한 판단이 아니기 때문이다."(KU, 221) 어느 칸트 연구자는 『판단력 비판』의 본래 의도가 아름다움에 대한 객관적이며 보편적인 기준을 대상에서 찾으려는 끝없는 착오를 종결짓는 것이라고까지 말한다. 이러한 시도들은 그저 "칸트의 미학 이론에 대한 객관주의적 오해"일[53] 따름이라는 것이다.

지금까지의 논의에서 우선 분명히 드러나는 것은 칸트

---

[53] Stolzenberg, p. 1.

미학의 초점이 판단 대상이 아니라 판단 주체에 맞추어져 있다는 사실이다. 이 미학은 대상이 아니라 주체가 대상에 의해 "어떻게 자극을 받고, 어떻게 스스로를 느끼는가"(KU, 204) 하는 물음을 집중적으로 탐구하는 것이다. 어느 대상이 아름다운지 않은지 여부는 대상의 물질적 존재론적 상태가 아니라 주체의 내적 상태에 따라 판단된다는 것이다. 즉 칸트의 미학은 '주관적'인 것이고 그의 취미판단은 모든 규정과 규칙을 배제한 채 이루어지는 주체 자신의 감정 상태, 즉 유쾌함과 불쾌함의 상태에 대한 반성인 것이다.

(2) "자유로운 유희"

1) "자유로운 유희"와 인식능력의 상호관계

그렇다면 취미판단을 내릴 때의 주체는 어떠한 내적 상태에 있는 것일까? 그는 어떠한 내적 상태에서 "유쾌함"을 느끼며 대상을 아름답다고 판단하는가?

앞에서 설명한 바와 같이 '판단력'은 기본적으로 광범위한 의미에서의 인간의 인식능력이고 '판단'은 인식행위이다. 그리고 인간의 인식행위를 담당하는 것은 상상력과 지성이라는 두 인식능력이다. 취미판단 역시, 비록 개념적 인식을 도출하는 인식판단과는 다르지만, 하나의 인식행위, 칸트의 표현에 따르면 "본래적 인식"에 이르는 인식행위이다. 따라서 미적·감성적인 취미판단에서도 인식능력의 역할과 기능은 축소되거나 배제되지 않는다. 취미판단 역시 어디까지나 "오로지 표상능력(인식능력)의 서로에 대한 관계"[54]에 관련된 판단인 것이다. 그러나 결정적인 것은 두 인식능력 간의 관계가 인식판단 때와는 전혀 다르다는 사실이다. 인식판단의 경우 상상력의 기능이 지성에 개념 형성을 위한 자료 제공 역할에 제한된 반면에, 그리고 개념 형성에 있어서 지성이 능동적이며 주도적인 역할을, 상상력은 수동적이며 종속적인 역할을 하는 반면에, 취미판단에서는 이 두 인식능력 간의 관계는 대등하고 상호 보완적이다. 이들 간의 관계는 능동과 수동, 지배와 종속에서 벗

---

[54] KU, 221. 괄호 안은 필자의 첨부임. 칸트는 "인식능력"이라는 용어 대신에 때로는 "표상능력(Vorstellungskräfte)" 또는 "심성적 능력(Gemütskräfte)"이라는 용어를 사용한다.

어나 "상호 활성화와 촉진"의[55] 관계로 변환된다. 칸트가 "조화(Harmonie)"로 규정한[56] 이러한 새로운 관계는 구체적으로는 이 두 인식능력 사이의 "자유로운 유희"의 형태로 나타난다.

그렇다면 "자유로운 유희"에서 두 인식능력은 서로 어떠한 관계를 가지는 것일까? 먼저 상상력의 관점에서 본다면 상상력은 더 이상 지성이 부여하는 규칙에 얽매이지 않고 자유롭게 자신의 기능을 수행할 수 있다. 이는, 구체적으로는, 상상력이 직관의 혼란스러운 자료들(즉 "다양한 것")을 하나의 질서 있는 전체로서 합성하는, 즉 '표상하는' 행위에 있어서, 지성의 규칙에 의해 주어진 관점에 부합하는 자료만 선택해야 하는 제한에서 자유롭다는 것을 의미한다. 인식판단에서는 상상력은 주체의 감각기관들이 "지각한" 이 대상의 다양한 요소를 선택하여 표상으로 합성하는 데 있어서 자율성을 가지지 못한다. 상상력이 지성

---

[55] Stolzenberg, p. 11.
[56] 예를 들면 KU, 91.

이 부여하는 개념적 규칙에 따라 기능을 수행해야 하기 때문이다. 이는, 구체적으로는, 상상력이 직관의 다양한 요소 중에서 이 개념적 규칙이 제시하는 특정한 동기나 관점에 부합하는 것만 선택해야 함을 의미한다. 그리고 이 과정에서 대상 직관의 다른 요소들은 표상의 합성이나 개념적 인식에서 전혀 고려되지 않는다. 칸트의 말대로 "대상을 하나의 유일한 표상으로 파악하고 다양한 것을 (그렇게 파악된) 대상의 형식 안에서 규정하는" 것은 "대상의 개념에 이르는 불가결한 조건"인 것이다.[57] 그러나 이러한 개념적 인식의 과정에서 대상의 고유성은 상실되고 구체적 물질적 존재인 대상은 보편적 개념으로 추상화된다. 자유로운 유희의 경우 상상력은 바로 이러한 제한과 얽매임에서 풀려나는 것이다.

자유로운 유희에서처럼 상상력이 지성의 개념적 규칙에서 자유로울 수 있게 되면, 다시 말하면 상상력이 개념의 의미가 제시하는 '하나의' 관점에 따라 대상의 다양한 자

---

[57] KU, 242. 괄호 안의 부연설명은 필자에 의한 것임.

료 중 일부분만을 선택해야 하는 제한에서 풀려나게 되면, 상상력은 그 모든 다양한 자료에 활짝 열린 자세를 가질 수 있으며, 이 자료를 모두 자유롭고 임의적으로 다룰 수 있게 된다. 상상력은, 칸트의 말대로, "생산적이고 스스로 활동적"이며 그래서 "가능한 직관들의 임의적 창시자"가 (KU, 240) 될 수 있는 것이다. 하나의 '유일한' 관점에서 풀려난 상상력은 어떤 특정 개념에만 '유일하게' 부합하는 "유일한 표상"(KU, 242)이 아니라 무수히 많은 '표상'을 합성할 수 있으며, 그 결과로 주어진 대상은 아주 다양하게 포착되고 다양하게 파악될 수 있는 것이다.[58]

이렇게 합성된 표상들은 지성의 일상적 합리성에 의해 규정되고 인식된 대상을 전혀 다른 모습으로 나타나게 한다. 칸트의 다음의 언급, 즉

> (생산적 인식능력으로서의) 상상력은 실질적인 자연이 그에게 준 재료에서 이를테면 하나의 다른 자연을

---

[58] Scheer, p. 106 참조.

창조하는 데 있어서 강력한 힘이 있다. 경험이 우리에게 너무나 일상적으로 보일 때 우리는 상상력과 더불어 즐긴다. (…) (KU, 314)

와 같은 칸트의 언급은 이러한 맥락에서도 이해할 수 있을 것이다. 이와 같은 상상력의 자유는 때로는 바로크 가구에서 나타나는 것 같은 "그로테스크한 것에까지 근접한"(KU, 242) 취미로서 나타난다. 그러나 모든 "경직되고-규칙적인" 것이 사람들에게 지루함을 주는 반면에 이처럼 "규칙의 모든 강제에서" 벗어난 것들은 우리에게 "항시 새롭고" "싫증나지 않는" 것이다(KU, 242). 칸트가 취미판단에서는 "지성이 상상력에 봉사하는 것이지, 상상력이 지성에 봉사하는 것은 아니다"(KU, 242)라고 말한 것 역시 자유로운 유희의 상태에 들어선 상상력의 이러한 창조적이며 능동적인 활동에 대한 비유적 표현일 것이다.

그러나 이러한 상상력의 규칙에서의 해방은 상상력의 창조적 행위에 아무런 질서도 제한도 없는 제멋대로의 일탈까지 허용하는 것은 아니다. 우선 상상력은 기능 수행에 있어서 다양한 것에 포함된, 그리고 자신이 '포착한' 자료만을 근거로 해야 한다. 즉 미지의 자료를 동원하여 근거 없는 상상, 즉 "그야말로 환상"(KU, 243)을 불러일으켜서는 안 되는 것이다. 해방된 상상력도 어디까지나 "감각적으로 주어진 대상을 포착하는 데 이 객체의 규정된 형식에 얽매어 있기" 때문이다(KU, 240). 칸트는 이러한 자의적 일탈을 환상적 "글짓기"[59]라고 단정함으로써 상상력의 자유가 무제한적인 제멋대로의 자유유희를 의미하지는 않음을 분명히 한다.

또한 상상력은, 물론 직관을 이루는 다양한 자료("다양한 것")를 파악하고 취사선택하는 데 있어서는 제한을 받지 않으나, 다양한 것을 '어떻게' 파악하고, 선택된 자료를 '어떻게' 하나의 전체로서 합성하는가 하는 '방식'의 문제에서는 자유롭지 못하다. 앞에서 이미 논의한 바와 같이 다양한 것 안의 다양한 요소를 합성하여 하나의 통일된 전

---

[59] 독일어 원어는 dichten. 원래 "시를 쓰다"라는 의미의 이 단어는 "문학 작품을 창작하다"의 의미로까지 확대되어있고, 문학 특유의 상상력의 동원을 빗대는 "몽상하다", "꿈을 꾸다"라는 부차적 의미도 가지게 되었다. 칸트는 이 모든 의미를 염두에 두고 이 단어를 사용한 것으로 보인다. 우리말 속어의 "아예 소설을 써라!"가 아마 이 인용문에서의 이 단어의 의미에 가장 상응하는 문구일 것이다.

체를 형성하는 데는 기준이 될 법칙이 필연적이나, 상상력은 "자체적으로 합법칙적"이지 못하기 때문이다. "오직 지성만이 법칙을 수립하는 것이다"(KU, 241). 법칙을 통한 지성의 도움은 따라서 상상력이 자신의 기능을 올바르게 수행하는 데 없어서는 안 될 요소이다. 그러나 인식능력의 자유로운 유희에서 지성이 제공하는 것은 어떤 '특정한' 개념이 제시하는 '특정한' 법칙이 아니다. 상상력이 이러한 특정한 법칙의 기준에 맞추어 행동한다면 특정한 개념의 도출에 이를 것이고, 그렇게 되면 이 판단은 취미판단이 아니라 인식판단이 될 것이기 때문이다. 상상력은 지성에서 어떤 특정한, 구체적이며 실질적인 법칙이 아니라 구체적 내용(즉 특정한 법칙)이 없는 추상적 형식으로서의 "합법칙성", 칸트의 표현에 따르면 "법칙 없는 합법칙성"[60]을 빌려오는 것이다.[61] 요컨대 상상력은 표상의 형성에 있어

---

[60] KU, 241. 칸트는 이 "법칙 없는 합법칙성"을 "지성의 자유로운 합법칙성"이라고 표현하기도 한다. "자유롭다"는 구체적 내용, 즉 특정한 법칙에서 벗어남을 의미한다.

[61] KU, 241 참조. 칸트는 이러한 자유로운 유희를 할 때의 상상력과 지성의 화합을 "주관적"으로 규정하고 이 "주관적 화합"을 "표

서 내용적, 자료적 측면에서는 자유로우나 형식적 방법적 측면에서는 지성의 제한을 받는 것이다.

그렇다면 또 다른 인식능력인 지성은 자유로운 유희에서 어떤 역할을 하며, 또한 이 유희에서 상상력과 어떤 관계를 가지고 있는가? 지성은, 인식판단 때와는 달리, 상상력을 하나의 특정한 개념적 규칙으로 제한하지 않는다. 즉 상상력으로 하여금 하나의 특정한 개념적 관점에서 벗어나 자유롭게, 그러나 일탈에 흐르지 않는 합법칙성의 한계 안에서 다양한 것을 포착하고 선택할 수 있도록 규정해주는 것이다. 또한 이렇게 규정된 상상력에서 무수히 많은, 그러나 어떠한 확정적인 내용적 연관성도 없는 자료를 넘겨받아서 이 자료들을 대상으로 자신의 개념 형성 능력을 자유롭게 시험해볼 수 있다. 자유로운 유희에서 상상력이 하나의 특정한 개념적 관점에서 자유로운 것과 마찬가지로 지성 또한 이 유희에서는 하나의 특정한 개념을 형성해야 하는 의무적 기능에서 자유로운 것이다. 상상력이 직관

상이 대상의 특정한 개념과 관계되는 객관적 (화합)"과 구분한다.

의 무수히 많은 자료(즉 "다양한 것") 위에서 자유롭게 부유하며 선택할 수 있듯이 지성 또한 상상력이 선택해준 무수히 많은 자료 위에서 자신의 개념 형성 능력을 시험해보며 부유할 수 있는 것이다. 말하자면 지성은 자유로운 유희에서는 "하나의 규정된 개념을 부여하는 것이 아니라 단지 개념의 능력으로서만" 기능하는 것이다.[62] 부유는 물론 이 인식능력들이 어떤 특정한 내용의 개념이나 또는 이것에 상응하는 어떤 특정한 형태의 표상에 고착되지 않음을 의미한다. 인식능력들의 이렇게 구속되지 않은 떠돎이 바로 "자유로운 유희"의 내용을 이루는 것이다.[63]

2) "자유로운 유희"와 미적 판단

지금까지의 설명에서 분명하게 드러나듯이 자유로운 유희에서의 상상력과 지성의 관계는 칸트의 말대로 상호간의 활성화와 기능 촉진으로 표현될 수 있다. 지성은 상상력

---

[62] Jens Kulenkampff, Schlüssel, p. 32.
[63] Paetzold, p. 90 참조.

이 다양한 것의 포착과 선택에 있어서 내용적 측면에서는 어떤 제한도 받지 않도록 함으로써, 즉 이 포착과 선택이 어떤 특정한 관점이나 동기에 따라 행해지지 않도록 함으로써, 상상력의 기능을 "활성화하고" 또 "촉진한다". 그러나 지성은 동시에 자신의 "합법칙성"을 매개로 하여 상상력이 포착한 자료들을 하나의 질서 있는 전체로서 형상화하도록 이끌어준다. 즉 상상력이 근거 없는 환상이나 무한대의 자료 편력 같은 일탈에 빠지지 않도록 규제함으로써 상상력을 "규칙적인 유희"(KU, 296)로 이끄는 것이다. 반면에 상상력은 지성에 내용적으로 결정되지 않은 무수히 많은 자료를, 즉 어떤 특정 개념의 의미로 집약되거나 한정될 수 없는 많은 '다양한' 자료를 제공해줌으로써 지성으로 하여금 "원칙적으로는 무한대의"[64] 개념의 가능성을 유희적으로 시험해볼 수 있도록 한다. 즉 지성의 "개념들의 능력"을 자유롭게 발휘할 수 있게 해줌으로써 지성의 "법칙 없는 합법칙성"을 활성화해주는 것이다. 이는 동시에 지성

---

[64] Recki, p. 24.

이 어떤 하나의 특정한 개념의 도출에 집착하지 않도록 규제하는 것을 의미하기도 한다. 요약하자면 취미판단 때 인식능력들 사이에 이루어지는 "자유로운 유희"는 칸트의 말대로 "자유 안의" 상상력과 "합법칙성 안의" 지성의 합치인 것이다.(KU, 287)

상상력과 지성 사이의 자유로운 유희는 무엇보다도 이 두 인식능력 간의 관계가 조화와 균형의 상태에 있기에 가능하다. 종속과 규제의 편중된 관계가 지양됨으로써 이들은 서로 상대방의 기능을 활성화하고 촉진할 수 있는 것이다. 인식능력들 간의 대등한 상호협력이 "유희"로 규정될 수 있는 것은 이들이 대상의 개념적 인식이라는 '진지한' 과업에서 풀려났기 때문이다. 인식능력들은 칸트의 표현대로 대상의 "궁극적 규정"[65]이라는 "짐에서 벗어난 (erleichtert)" 것이다.

그렇다면 인식능력들 사이의 이 자유로운 유희는 취미판단의 주체에는 무엇으로 나타나는가? 이 유희는 사유(思

---

[65] Scheer, p. 107.

惟)될 수 있는 '개념'으로 나타날 수는 없다. 취미판단의 미적 반성은 대상을 개념화하는 인식판단이 아니기 때문이다. 따라서 자유로운 유희는 개념이 아니라 느낌으로, 칸트의 표현에 따르면 "내적 감정"(KU, 296)으로밖에 자신을 나타낼 수 없다. 이 감정이 "유쾌함"의 감정인 것은 인식능력들이 자유로운 유희에서 서로를 "활성화하고" "촉진"한다는 사실에서 연유한다. "서로를 상호 촉진하는 심성적 능력들[66]의 상태"에 대한 "의식"이 칸트에 따르면 바로 "유쾌함의 감정"인 것이다(이상 KU, 219). 그리고 인식능력들의 자유로운 유희가 근본적으로는 두 능력 사이의 '조화로운' 관계에서 비롯되기에 "이 "유쾌함의 근거는 인식능력들의 조화에 놓여 있는 것이다"(KU, 218).

지금까지의 논의에서 분명하게 드러났듯이 어느 대상의 아름다움 여부를 가리는 취미판단에는, 이 판단을 긍정적으로 내리려면, 판단 주체의 특별한 내적, "심성적 상태

---

[66] 독일어는 Gemütskräfte. 칸트는 "인식능력"을 때로는 "표상능력", 때로는 "심성적 능력"으로 표현하기도 한다.

(Gemütszustand)"가 전제되어야 한다. 그리고 이 주체의 심성적 상태는 인식능력 간의 조화로운 상호관계와 이 관계에서 비롯된 이들 간의 자유로운 유희, 그리고 이 유희가 일깨운 유쾌함의 감정으로써 결정된다. 판단 주체의 이러한 심성적 상태의 표현이 바로 '아름답다'라는 판단이다. 따라서 이 미적 판단은 판단 대상과는 관련이 없다. 오로지 대상을 바라보는 판단 주체와만 관계되는, 즉 철저하게 '주관적' 판단이다. 예를 들어 '이 장미는 아름답다'라는 판단에서 '아름답다'라는 술어(판단)는 주어(대상)인 장미와는 아무런 관계도 없다. 이 '아름답다'라는 술어는 이 장미를 보는 사람의 내부에 상상력과 지성이 조화로운 상태에 있음을, 그리고 이 조화를 기반으로 두 인식능력이 자유롭게 유희하고 있음을, 그리고 이를 의식한 판단 주체가 유쾌함의 감정을 느끼고 있음을 말해줄 따름이다. 칸트에 따르면 아름다움은 결코 대상의 개념일 수 없는 것이다.

3) "자유로운 유희"와 "본래적 인식"

지금까지의 논의에서 분명해진 것처럼 대상의 아름다움

을 가리는 취미판단은 대상의 개념을 가리는 인식판단과는 달리 객체의 본성이나 형질이 아니라 주체의 내적 심성적 상태를 판단의 근거로 삼는다. 즉 취미판단이라는 미적 반성은 대상이 아니라 주체에 성찰의 초점을 맞추는 것이다. 그렇다면 미적 반성은 대상과는 완전히 분리된 영역에서 수행되는 성찰이며, 대상 인식의 관점에서만 본다면 내용 없는 공허한 반성인가?

앞에서 이미 강조한 바와 같이 취미판단 역시 '판단'이며 판단은 근본적으로 인식행위이다. 즉 칸트의 '주관적' 미학에 있어서도 미적 반성은 대상에 대한 하나의 인식행위인 것이다. '인식판단'이 아니라는 이유로 취미판단이 가지는 대상에 대한 인식행위와 기능이 부정되는 것은 아니다.[67] 다만 대상에 대한 개념적, 논리적 인식에 이르는 인식판단과는 그 '인식'의 유형과 본성이 전혀 다를 뿐이다. 주체에 대한 대상의 감각적 자극이 없으면 미적 반성은 아예 이루어지시 않는다. 인식능력 간의 자유로운 유희, 그

---

[67] Scheible, p. 110 참조.

리고 이 유희에 대한 의식으로서 주체의 유쾌함의 감정은, 칸트의 말대로, "하나의 경험적 표상에 의존적"이다(KU, 191). 다시 말하면 (대상의) "표상"에 대한 인식이 없으면 판단이 성립되지 않는 것이다.

칸트는 미적 반성의 결과로서 얻어지는 인식을, 인식판단의 결과인 개념적 인식과 구분해, "본래적 인식"으로 정의한다. 미적 반성이 기본적으로는 상상력과 지성의 자유로운 유희를 기반으로 하고 있음을 감안한다면 이 본래적 인식 역시 두 인식능력의 자유로운 유희에서 기원하고 있음은 어렵지 않게 유추할 수 있다. 칸트는 자유로운 유희의 기반이 되어 인식능력의 상호 활성화를 가능하게 하는 판단 주체의 이상적인 심성적(心性的) 상태를 "하나의 본래적 인식을 위한 인식능력들의 조율(調律) (Stimmung der Erkenntniskräfte zu einer Erkenntnis überhaupt)"(KU, 238)로 규정한다. 인식능력이 서로 조화로운 상태에 있음이, 즉 이들의 이상적인 배합(즉 "조율")의 결과로서 "본래적 인식"에 이른다는 의미이다. 칸트는 자유로운 유희에서 인식능력들의 상호간의 활성화에 대한 의식이 "어떤 특정한 인식에 한정되지 않은,

본래적 인식에 대한 하나의 (합목적적인) 내적 원인성"(KU, 222)을 함유한다고 강조하기도 했다.

위의 칸트의 말은 본래적 인식을 이해하기 위한 하나의 중요한 시사점을 준다. 즉 본래적 인식은 무엇보다도 "어떤 특정한 인식에 한정되지 않은" '인식'이라는 사실이다. 이 말의 의미는 본래적 인식의 전제를 이루는 인식능력의 자유로운 유희에 비추어 보면 좀 더 자명해진다. 즉 본래적 인식은 인식판단이 최종적으로 지향하는 특정 개념의 산출과는 그 본성을 달리하며, 따라서 '인식의 행위'가 인식판단의 경우와는 분명히 구분되는 것이다. 좀 더 구체적으로 말하자면 두 인식유형 사이의 가장 큰 차이점은 인식과정에 있어서 '직관'이 가지는 비중과 중요성의 차이이다. 인식판단의 경우 직관은 단지 개념 형성을 위한 자료를 제공하는 역할을 할 따름이다. 그러나 본래적 인식에 있어서는 직관은 미적 판단과 반성의 직접적이고 유일한 대상의 위치를 차지한다.

칸트는 『순수이성비판』에서 이미 "직관"이 그의 인식론에서 가지는 중요성을 강조한 바 있다.

> 어떤 유형으로 그리고 어떤 수단으로 인식이 대상과 관계할지라도 인식이 그것을 통하여 직접적으로 대상과 관련되는 것, 그리고 수단으로서의 모든 사유가 목적하는 것, 그것은 **직관**이다.[68]

인식에서 직관의 중요함에 대한 이러한 칸트의 생각은 그러나 『순수이성비판』이 아니라 『판단력 비판』에서, 무엇보다도 '본래적 인식'의 개념에서 구체적으로 개진된다. 그럴 것이 본래적 인식은 직관의 다양한 자료 중 특별한 것만을 취사선택하여 개념화하는 논리적 인식과는 달리 직관을 하나의 전체로서 바라보기 때문이다. 개념화를 통한 논리적 인식은 대상을 추상화함으로써 대상으로 하여금 실체성을 상실하게 하며, 직관의 특정 부분만을 사유의 대상으로 삼음으로써 그 결과로서 얻어지는 인식이 대상을 일그러진 모습으로 나타나게 한다. 하지만 본래적 인식은 대상의 직관을 전체적으로 조망하려 함으로써, 즉 대상

---

[68] I. Kant: Kritik der reinen Vernunft, A. 19. Scheer, p. 106에서 재인용.

을 가능한 한 있는 그대로 보려고 함으로써 대상의 실체성과 고유성을 배려하는 인식인 것이다.

이러한 '대상의 직관에 대한 전체적인 조망'을 가능하게 하는 것이 미적 반성에서의 상상력의 역할이다. 인식능력들의 자유로운 유희에 대한 설명에서 칸트는 "상상력이 개념 없이 도식화한다"(KU, 287)라고 강조한다. '도식(圖式, Schema)'은 가장 기본적인 의미에서 "질서(Ordnung)", "형태(Gestalt)" 또는 "구조(Struktur)"를 뜻한다.[69] 이 의미를 연계해 보면 혼란스러운 것에 "질서"를 주어 이를 "구조화"함으로써 하나의 "형태"를 만든다는 설명도 가능하다. 그러기에 "개념을 통해서야 비로소 규정될 수 있는 그 어떤 것의 도안(圖案, Vorzeichnung)"으로서의 의미는 도식이 가진 "가장 중요한 전문용어적 의미"로 규정될 수 있는 것이다.[70] 칸트의 인식론에서 도식은 무엇보다도 직관과 개념을 연계하고 중재하는 "제3의 것"이다. 그래서 "하나의 방식으로는 지

---

[69] Historisches Wörterbuch, Bd. 8, Sp. 1246.
[70] Historisches Wörterbuch, Bd. 8, Sp. 1246.

성의 개념과, 다른 방식으로는 감성의 직관과 동일한 유형"으로서[71] "한편으로는 지적이고 다른 한편으로는 감각적"[72]인 본성을 지니고 있다. 따라서 도식이 직관의 혼란스럽고 다양한 자료를 하나의 질서 있는 구조로 형태화하려면 자신의 개념적 본성을 도입해야 한다. 개념적 규칙이 없으면 도식화가 불가능하기 때문이다. 그런데 미적 반성에 있어서는 상상력이 직관을 "개념 없이", 말하자면 개념적 규칙 없이 도식화한다고 칸트는 강조한다. 이것을 어떻게 설명할 수 있을까?

규칙이 아예 없는 도식화는 도식의 본성에 비추어 보면 불가능하다. 따라서 "개념 없는 도식화"라는 말은 '개념적 규칙'이 아닌 '어떤 다른 규칙'이 있음을 암시한다. 이 다른 규칙이 프리케의 견해대로 하나의 "이성이념(Vernunftidee)"으로서 "인간적 목적이 아닌 초인간적 목적 개념"의 규칙인지[73], 아니면 더 나아가서 자연의 근원적 질서나 창

---

[71] Historisches Wörterbuch, Bd. 8, Sp. 1250.
[72] I. Kant: Kritik der reinen Vernunft, B 177. Philosophisches Wörterbuch, Bd. 8, Sp. 1250에서 재인용.

조의 원리에서 기원한 규칙인지에 대한 논의는 우선은 덮어두기로 한다. 중요한 것은 이 도식화가 직관의 다양한 것에 내재된 다양한 자료적 요소를 한데 묶는 "그 어떤 연결"을 전제한다는 사실이며,[74] 그리고 이 "연결"을 가능하게 하는 규칙이 이 다양한 요소를 "완전하게", 즉 모든 요소를 빠짐없이 그들의 "무한한 복잡성 안에서 질서 있게 정돈하고 한데 묶은, 아니면 최소한 묶을 수 있는" 그러한 규칙이어야 한다는 사실이다.[75] 그럴 것이 상상력은 "개념 없는 도식화"에서는, 인식판단의 '개념 있는 도식화'에서와는 달리, 특정한 개념의 규칙이 제시하는 특정한 관점이나 동기에 따르는 자료 선정에서 벗어나 있기 때문이다. 상상력은 "지성이 자신의 개념 안에서 고려할 수 없는 재료"[76]도, 다시 말하면 특정한 개념을 위해서는 소용되지 않으며 그래서 지성이 취급할 수 없는 재료도 제공하는 것이

---

[73] Fricke, p. 127.
[74] Stolzenberg, p. 10.
[75] Fricke, p. 120.
[76] KU, 317.

다.[77] 요컨대 칸트가 "다양한 것"으로 규정한 직관의 다양한 요소는 상상력의 이 자유로운 도식화에서는 배제됨이 없이 모두 도식을 구성하는 부분으로 참여할 수 있다. 어떠한 자료적 요소도 이 도식화의 작업에서는 똑같이 중요하며, 의미적 비중도 동일하기 때문이다. 『판단력 비판』 57절에서 칸트는 "하나의 미적 이념에서 지성은 그의 개념을 통해 상상력의 전체적 내적 직관(die ganze innere Anschauung der Einbildungskraft)에 결코 이를 수 없다"(KU, 343)라고 강조한다. 말하자면 "규칙 없는 도식", "상상력의 전체적 내적 직관" 그리고 "미적 이념"은 동일한 것이며, 지성의 어떠한 개념을 통해서도 나타나거나 설명될 수 없다는 것이다. "미적 이념"에 대해서는 다음 장에서 자세히 논의할 것이다.

이처럼 상상력의 "개념 없는 도식화"를 통해 하나의 도

---

[77] 칸트는 하나의 특정 개념에 추가된, 그러나 지성이 개념 형성을 위해 이용할 수 없는 자료들을 "미적 이념(ästhetische Idee)"으로 규정한다. "한 마디로 말해서 미적 이념이란 주어진 개념에 추가된 상상력의 표상인 바, 이 표상은 하나의 특정한 개념을 나타내 주는 표현을 찾을 수 없을 정도로 (…) 부분 표상들의 다양함과 연결되어 있다. (…)" (KU, 316)

식으로서, 즉 하나의 통일적인 전체로서 나타나는 대상의 직관은, 이 전체를 구성하는 "다양한 것"이 다른 어떤 대상의 직관의 그것과도 동일하지 않기에, 이 다양한 것을 '도식'이라는 하나의 전체로 묶는 통일성의 유형은 오로지 이 도식에만 해당되는 고유한 것이며, 오로지 이 개별적 대상의 개별적 직관에 내재된 요소들과의 관계에서만 의미를 가질 뿐이다. 말하자면 상상력에 의한 개념 없는 도식화를 통해 하나의 전체를 형성한 직관은, 전체를 구성하는 부분에서, 또 통일성의 유형과 통일체적 형상에서, 그 어떤 다른 대상의 직관과도 동일하지 않은 개별성과 고유성을 지닌다. 바로 이러한 극한적인 개별적 고유성 때문에 이 직관은 어떤 개념으로도 포섭될 수 없고, 그래서 일반화될 수도 없는 것이다.[78] 그러나 취미판단이 대상에 대한 어떠한 개념적 인식에 이르지 못한다는 것은 역으로 대상이, 더 정확하게는 대상의 직관이, 지성의 "개념적 기계장치"[79]에 의

---

[78] Stolzenberg, p. 10 참조.
[79] Scheible, p. 110.

해 훼손되지 않음을 의미한다. 막스 호르크하이머는 지성을 직관이라는 원료를 가공하여 개념이라는 규격화되고 획일적인 제품을 만들어내는 기계라고 비판한 바 있다. "칸트의 순수한 지성은 기계장치와 유사하다. 이 지성에는 주체가 자료를 찍어내는 틀들이 있다. 마치 원자재를 처리하는 상자나 집게손처럼."[80] 페르페트가 지성은, 즉 "논리적으로 구획하고 동일화하며 실증하는 규정으로서의 판단적 사유는" "실재하는 모든 것", 즉 직관을 포괄하기에는 능력이 부족하다는 말로 지성과 직관의 관계를 설명한 것도 같은 맥락에서 이해할 수 있다.[81] 취미판단에서 비로소 대상의 직관은 보편적 개념으로 "규정되지 않고" 고유한 개별적 존재로서, 즉 "본래적인 의미에서" "인식"되는 것이다.[82]

바로 이러한 훼손되지 않은 직관, 그것에 내포된 모든 다양한 요소가 빠짐없이 하나의 전체로 통일된, 그러나 어

---

[80] Horkheimer, p. 209.
[81] Perpeet, p. 44.
[82] Scheible, p. 125.

떠한 개념으로도 추상적으로 일반화될 수 없는 고유성을 지닌 직관, 가장 본래적인 모습으로 나타나는 직관, 이 직관에 대한 인식이 바로 '본래적 인식'이다. 본래적 인식은, 인간의 감각기관의 감지능력이 한계가 있기에, 그래서 '다양한 것'이 대상의 모든 요소를 포괄하는 완전한 자료들의 집합체가 될 수 없기에, 대상에 대한 완전한 인식일 수는 없다. 그럼에도 불구하고 상상력에 의해 도식화된 직관은 고유한 개별적 물체로서의 대상에 대한 가장 근접한 것이고, 그래서 이에 대한 인식은 제한된 의미에서나마 '본래적 인식'으로 규정될 수 있을 것이다.[83] '본래적 인식'이

---

[83] 국내의 칸트 연구는 거의 예외 없이 Erkenntnis überhaupt를 "인식 일반"으로 번역한다. überhaupt가 "전체적으로 보아서"라는 뜻이 있는 것을 감안하면 이 번역은 타당하다. 그러나 우리말로 표기된 "인식 일반"은 전달하려는 의미가 모호하다. '일반적인 인식', '전반적인 의미에서의 인식', 혹은 '인식이라는 것 그 자체' 등의 의미를 생각해 볼 수 있는 바, 이 용어가 강조하는 '일반성'은 Erkenntnis überhaupt기 대싱(의 직관)의 극한적인 개별적 고유성과 관계된 인식이라는 사실을 고려하면 원래의 의미를 제대로 반영하지 못하는 것으로 생각된다. 칸트의 언급, 즉 '미적 반성으로서의 인식능력의 자유로운 유희가 하나의 특정한 인식 창출에 제한되어 있지 않으며, 따라서 이 경우 판단능력이 "Erkenntnis überhaupt에 대해 합목적적으로" 조율되어 있다'

"인간적 인식의 총체적 실행"[84]이라는 하인츠 페촐트의 해석은 이러한 관점에서 보면 충분히 설득력을 가진다.

지금까지의 논의를 종합해보면 취미판단으로서의 미적 반성은 판단 주체와 판단 대상의 두 영역에서 각기 다른 기능을 수행한다. 미적 반성은 판단 주체에서는 인식능력들의 자유로운 유희로서 나타난다. 이 유희는 상상력과 지성의 상호간의 활성화와 촉진을 초래하고 주체는 이에 대한 의식 때문에 유쾌함의 감정을 느끼게 된다. 그리고 주체의 이러한 심성적 상태는 대상에 대한 '아름답다'라는 판단으로 나타난다. 따라서 이 경우 '아름답다'라는 판단은 대상의 본성과는 아무런 관계도 없다. 단지 주체의 내적 상태의 표현일 따름이다.

그러나 미적 반성은 지성의 개념적 규칙에서 자유로워

(KU, 238)라는 언급은 '하나의 특정한 인식을 목적으로 하지 않기에, 바로 그 이유로 해서 인식 일반에 대해 합목적적이다'는 일반적인 의미로 해석될 수 없다. 왜냐하면 칸트의 이 말은 어디까지나 하나의 대상과 관련되어 있기 때문이다. '하나의 특정한 인식'은 이 대상을 하나의 특정한 개념에 귀속시킨다는 의미이다.

[84] Paetzold, p. 55.

진 상상력의 "개념 없는 도식화"를 통해 대상과도 관계를 갖는다. 이 도식화를 통해 대상에 대한 "본래적 인식"에 이르기 때문이다. 따라서 1차적으로는 주체의 내적 상태의 표현인 '아름답다'라는 판단은 2차적으로 대상과의 관계에서 보면, 그 무엇과도 공유하지 않는, 대상의 독자적 고유성에 대한 인식인 것이다. 물론 이 인식에는, 개념적 인식과는 달리, 대상과 관계되는 객관적 기준이 결여되어 있으며, 또 주체의 유쾌함의 감정과 직접적으로 연관되어 있기에 '주관적'이며 '비논리적'이다. 대상의 아름다움에 대한 판단은, 즉 대상의 본래적 고유성에 대한 판단은 따라서 미적·감성적이다. 바로 이러한 맥락에서 쉐어는 "본래적 인식"을 "미적 체험"으로 해석한다.[85] 대상은 개념화할 수 없는 고유하고 개별적인 본래의 모습으로 나타날 때 '아름답게' '체험'되는 것이다.

인식능력의 "자유로운 유희"는, 칸트의 미학에서, 인간이 사물의 아름다움과 그 본래적 고유성을 '체험'하기 위

---

[85] Scheer, p. 106.

한 필수적인 전제조건이다. 인간의 내적 상태가 이 자유로운 유희의 상태에 있을 때, 즉 상상력과 지성이 "조화"의 관계에 있고, 이 두 인식능력이 서로를 활성화하고 서로의 기능을 촉진할 때, 즉 인간이 '미적 자세'를 견지할 때 인간은 이러한 미적 체험을 할 수 있는 것이다.[86]

---

[86] 이러한 관점에서 패촐트는 칸트의 미학을 "세계와 사물에 대한 미적인 관점은 무엇인가 하고 묻는 미적 태도의 이론"으로 규정한다. Paetzold, p. 55 참조.

III
아름다움의 조건

1. "관심 없는 만족"

칸트의 『판단력 비판』은 제1권 「아름다움의 분석」에서 하나의 대상을 아름다운 것으로 판단하기 위한 네 가지 조건을 설명하고 있다. 각기 "질(質)", "양(量)", "목적들의 관계" 그리고 "만족의 양태"의 네 가지 계기에서 고찰된 것으로 제시된 이 조건들의 첫 번째는 미적 대상은 우리에게 "관심 없는 만족"을 주어야 한다는 것이다.

> **취미**는 대상 또는 표상유형을 **일체의 관심 없이** 만족이나 불만족을 통해 판정하는 능력이다. 그러한 만족의

대상이 **아름다운** 것이다. (KU, 211)

그렇다면 "관심"은 어떠한 성격의 것이고, "관심 없는 만족"은 왜 '아름답다'라는 판정의 근거가 될 수 있을까? 미적 판단의 조건으로서의 "관심 없는 만족"을 이해하려면 칸트가 분류한 "세 가지 유형의 만족"에 대한 이해가 우선되어야 한다. 이 유형은 "쾌적한 것(das Angenehme)에서 얻는 만족", "좋은 것(das Gute)에서 얻는 만족" 그리고 "아름다운 것(das Schöne)에서 얻는 만족"으로 구분되는 바, 첫 번째 만족과 관련하여 칸트는 "**감정**[87] **안에서 감각들을 만족시키는 것이 쾌적한 것이다**"(KU, 205)라고 규정하고 있다. 즉 "쾌적한 것에서 얻는 만족"은 인간의 물질적, 감각적, 본능적 욕구 또는 이런 욕구의 충족과 관련된 만족인 것이다. 칸트는 이를 "(자극을 통한) 병적(病的)으로 조건 지어진"

---

[87] 독일어로는 Empfindung. 칸트는 외부의 객체와 관련된, 그리고 객체의 인식에 기여할 수 있는 감정을 Empfindung으로, 주체와만 관련되고, 따라서 대상의 인식에 기여할 수 없는 감정을 Gefühl로 표현했다. Empfindung은 따라서 '지각(知覺)'으로도 번역될 수 있을 것이다. 『판단력 비판』 제1권 3절을 참조할 것.

(KU, 209) 만족으로, 그리고 이 만족의 본성을 "애착(Neigung)" (KU, 210)으로 규정한다. "애착"은 그 생성 근거가 감각적 자극이기에, 이것이 궁극적으로 지향하는 만족은 "쾌락(Vergnügen)"과 "향락(Genießen)"이다.[88] 그러기에 애착에 사로잡힌 사람들의 경우, "사물과 이 사물의 가치평가에 있어" 그들의 능력에 요구할 수 있는 것은 오로지 "이 사물이 약속하는" 쾌락을 평가하는 것일 따름이다.[89] 이들은 판단력과 그리고 판단하려는 의지를 상실하게 되는 것이다.[90]

두 번째 만족의 대상인 "좋은 것"은 "이성을 매개로 하는, 순전한 개념을 통해 만족시키는 것"(KU, 207)으로 규정되고 있다. 개념을 통해 얻어지기에 이 만족은 우선 지적(知的)인 만족이다. 칸트의 말대로 "어떤 것이 좋은 것이라는 것을 알려면, 나는 항시 그 대상이 어떤 종류의 사물이어야 하는가를 알아야 한다, 다시 말하면 이 대상에 대한 개념을 가져야만 한다."(KU, 207) 개념적 인식 없이는 대상의 '좋음'

---

[88] KU, 205 pp. 참조.
[89] KU, 206 참조.
[90] KU, 207: "모든 판단에서 벗어난다".

여부를 판정할 수 없는 것이다. 바로 이러한 점에서 '좋은 것에서 얻는 만족'은 '쾌적한 것에서 얻는 만족'과 '좋음'의 의미를 달리한다. 전자가 지적인 판단을 통해 대상의 '좋음' 여부를 판단하는 반면에 후자는 감성적·감각적 접근을 통해, 다시 말하면 어떤 대상이 감각적으로 만족시키면 그 대상을 '좋은 것'으로 판단하는 것이다.

"좋은 것에서 얻는 만족"은 또한 이성을 매개로 하기에 무엇보다도 인간의 도덕적 욕구 충족과 관련된, 칸트의 표현을 따르면 "순수한 실천적 만족"(KU, 209)이다. "실천적"이라 함은 이 만족이 '실천이성(praktische Vernunft)'을 매개로 함을, 즉 "오로지 이성적 존재 일반"(KU, 210)에만 해당되는 만족임을 말해준다. 이처럼 이 만족이 자유의지에 의한 도덕적 행위의 실천과 관계됨으로써 이 만족의 대상인 "좋은 것"은 사람들에게서 "존중되고 칭송받는다".(KU, 210) 칸트가 이 만족의 본성을 "존경(Achtung)"(KU, 210)으로 규정한 것은 이러한 맥락에서이다.

그런데 이 두 유형의 만족은 모두, 저급한 감각적 만족이든 고귀한 도덕적 만족이든, 모두 인간의 욕구와, 칸트의 용어로는 "욕구능력"(KU, 209)과 관련되어 있다. 예를 들면 "자유 개념을 지향하는" 욕구능력은 "높은 (욕구)능력"이며(KU, 178), 반대로 감각적 만족을 추구하는 욕구능력은 낮은 욕구능력이다.

바로 이 욕구와의 관련 때문에 칸트는 이들을 "관심과 결합된" 만족으로 규정한다.[91] 그럴 것이 쾌적한 것이든 좋은 것이든 모두 욕구충족이라는 목적의 대상이고, 사람들은 당연히 이 목적을 실현하기 위해 목적의 대상에 관심을 가질 수밖에 없기 때문이다. "모든 관심은 욕구를 전제로 하거나, 또는 욕구를 불러일으키고"(KU, 210), 따라서 "항시 욕구능력과 관계를 가지게 된다"(KU, 204). 이 관심은 따라서 오로지 욕구 실현이라는 관점에서의 대상에 대한 관심, 다시 말하면 타산적이자 이해관계적인 관심으로 규정될 수 있다. 그럴 것이 이 경우 관심은 어떻게 하면 대상으로 하여금 욕구를 충족시키게 할까 하는 계산적 사유의 성격을 가지게 되기 때문이다.

---

[91] 3절과 4절의 표제어를 참조할 것.

칸트가 "아름다운 것에서 얻는 만족"을 "관심 없는 만족"으로 규정한 것은 대상에 대한 미적 체험이 이러한 이해관계적 관심을 가지고 있지 않음을 강조하는 것이다. 그는 미적 만족의 본성을 "호의(好意, Gunst)"로 보는 바(KU, 210), 이 호의는, "쾌적한 것에서 얻는 만족"의 본성인 "애착"이나 "좋은 것에서 얻는 만족"의 본성인 "존경"과 달리 대상에 대한 모든 이해관계적 관심에서 벗어난, 칸트의 표현에 따르면 "유일하게 자유로운 만족"이다. "그럴 것이, 어떠한 관심도, 감각의 관심도 이성의 관심도 찬동을 강요하지 않기 때문이다"(이상 KU, 210). 따라서 이 자유로운 만족은 대상을 지적 인식의 객체로도, 도덕적 가치평가의 객체로도, 그리고 소유나 정복, 또는 본능적 감각적 향락의 객체로도 보지 않는다. 미적 체험에서 주체는 대상을 있는 그대로, 그저 그 자체적 현상으로 관찰할 뿐이다. 그리고 이 "관찰(Betrchtung)"은, 이해관계적 관심에서 자유롭기에 대상에 거리를 둘 수 있고, 욕구충족의 목적에서 자유롭기에 목적을 추구하는 행동을 수반하지 않는다. 즉 "오로지 정관적(靜觀的, kontemplativ)"(KU, 209)인 것이다.

칸트가 "아름다운 것에서 얻는 만족"을 "관심 없는 만족(interesselose Zugefallen)"으로, 그리고 이 "관심 없는 만족"을 "정관적 즐거움"으로 규정한 것은 바로 이러한 맥락에서이다. 여기서의 "관심 없음"은, 즉 '대상이 우리의 관심을 끌지 않는다'는 말은 '우리가 대상에 아무런 관심이 없다'는 의미는 아닐 것이다.[92] 위에서 이미 밝힌 바와 같이 여기서 "관심(Interesse)"은 '이해관계적' 내지는 '이해타산적 관심'이다. "Interesse"라는 독일어에 "이해관계", "이익"의 의미와 "관심"의 의미가 동시에 있다는 사실은 이러한 맥락에서 유의해야 한다. 그리고 바로 이 "이해관계적 관심"의 부재가 미적 판단에서 우리가 갖는 "유쾌함"의 본성을 "정관적"으로 만드는 원인이다. "정관(Kontemplation)"의 두 가지 큰 의미는 '바라봄'과 '행동 없음'이다. 우리가 "관심 없는 만족"을, 즉 "정관적 즐거움"을 느낄 때, 우리는 아무런 행동 없이 대상을 조용히 바라보는 정관에 몰입하게 된

---

[92] 칸트는 사람들이 자연의 아름다움에 대해 "직접적인 그러나 지적인 관심(ein unmittelbares u. zwar intellektuelles Interesse)"(KU, 299)을 가진다고 강조한다.

다. 무릇 모든 행동의 근원은 "의지"이다. 즉 무엇을 이루거나 얻으려는 욕구가 행동을 불러일으키는 것이다. 이런 욕구 실현의 행동은 대상을 지배하거나 소유하거나 파괴하거나, 아니면 그 어떤 목적을 위한 수단으로 삼으려는 의지 실현의 다양한 양태이다. 이런 욕구 실현 행동의 부재가 미적 판단의 전제를 결정하는 "즐거움"의 본성이다. "우리는 아름다운 것을 관찰할 때는 유유자적한다(weilen)."(KU, 222)라는 칸트의 말은 바로 이러한 맥락에서 이해되어야 한다. '유유자적하다', '한가로이 거닐다', 또는 '하는 일 없이 빈둥거리다' 등의 의미가 있는 'weilen'에는 '욕구충족을 위한 과격한 행동' 또는 '욕구충족을 향한 성급한 열정이나 열망' 등의 의미는 완전하게 배제되어 있다. 'weilen'의 의미적 본성은 여유로움과 한가로움, 그리고 마음의 평정인 것이다. 그리고 이 상태가 바로 미적 판단에서의 주체의 심성적 상태이기도 하다. '대상이 아름답다'라는 판단은 바로 이 심성적 상태의 표현이기 때문이다.

2. 아름다움과 인간의 본성

지금까지의 논의에서 관심 없는 만족이 대상의 아름다움에 대한 판단의 전제를 이루고 있음이 분명하게 드러났다. 그러나 이 만족의 생성 요인에 대해서는 아직 설명되지 못했다. "애착"이나 "존경"을 본성으로 하는 '관심 있는 만족'은 쉽사리 설명될 수 있다. 그럴 것이 여기서 관심은 욕구충족의 의지와 관련되어 있고, 이 의지가 실현되면 당연히 '만족'의 감정이 생성될 것이기 때문이다. 그러나 이해관계적 관심에서 자유로운 대상의 관찰은 어떻게 해서 만족의 원인이 될 수 있을까?

세 가지 유형의 만족에 대한 설명에서 칸트는 "쾌적함은 이성이 없는 동물에게도 해당된다", "좋은 것은 모든 이성적 존재 일반에게만 해당된다"(이상 KU, 210)라고 규정함으로써, 감각적 만족을 동물적 본성을 가진 존재의 영역으로, 그리고 지적, 도덕적 만족은 순수하게 이성적인 존재의 영역으로 정의한다. 그리고 아름다움은, 칸트의 이론에서, 바로 이처럼 서로 상극을 이루는 쾌적함과 좋은 것 사이에 하나의 완충지대를 형성하고 있다. 바로 이 중간적 성격 때문에 아름다움은 동물적 본성과 이성적 본성의 혼합체인 인간에게만 해당되는 것이다.

> 아름다움은 오로지 인간에게만, 다시 말해 동물적이면서도 또한 이성적인 존재, 그러나 또한 이성적 존재(예를 들면 정신)로서만 아니라 동시에 동물적 존재로서의 인간에게만 해당된다. (KU, 210)

미적 판단이 이처럼 감각적, 육체적, 물질적 본성(즉 감성)과 지적, 도덕적, 정신적 본성(즉 이성)이라는 인간의 이중성을 필연적인 전제로 한다면, 이 이중성은 이 전제조건을 충족할 수 있는 특별한 구조를 가져야 한다. 즉 감성과 이성이 어느 쪽으로도 편향되지 않도록 서로 조화와 균형을 이루고 있어야 하는 것이다. 그럴 것이 이 이중성이 감성 위주로 구성되어 있다면, 판단의 주체는 아름다운 것이 아니라 쾌적한 것에서 만족을 찾을 것이며, 반대로 이성 위주로 구성되어 있다면 주체는 미적 만족이 아니라 지적, 도덕적 만족을 지향할 것이기 때문이다. 따라서 감성과 이성의 적절한 배합으로 양자 간에 조화와 균형이 가능할 때, 달리 말하면 오로지 동물적 존재도 아니고 오로지 이성적 존재도 아닌 인간이 인간 본연의 본성을 가질 때에 인간은 미적 판단을 내릴 수 있고, 대상의 아름다움을 체험할 수 있는 것이다. 이러한 본연의 본성을 갖출 때에 주체는 욕구충족과 관련된 모든 이해관계적 관심에서 벗어난 '자유로운' 시각으로 대상을 볼 수 있고, 모든 욕구충족적 행동에서 '자유로운' 정관의 상태에서 대상의 아름다움을 즐기며 한가로이 노닐 수 있는 것이다. 바로 이 주체의 '정관적 즐거움', 달리 말하면 그의 '관심 없는 만족'이 대상이 '아름답다'라는 판단으로 표현되는 것이다.

인식능력 간의 '자유로운 유희'와 관련된 앞 장에서의 논의에서 대상에 대한 '아름답다'라는 판단이 사실은 대상의 본성과는 무관한 주체의 내적 상태의 표현, 자세히 말하자면, 상상력과 지성의 자유로운 유희와 이 유희를 통해 이루어지는 두 인식능력의 서로간의 활성화에 대한 의식이 불러일으키는 유쾌함의 표현임이 밝혀진 바 있다. 또한 이 '자유로운 유희'가 상상력과 지성의 조화로운 관계를 통하여 비로소 가능하다는 것도 설명했다. 바로 이 두 인식 능력 간의 조화와 균형, 주체의 심성 안에서의 이들의 적절한 배합은 지금까지 설명한 인간 본성의 조화로운 상태를 나타내는 한 형식이자 구현이다. 상상력은 감성의 영역에,[93] 그리고 지성은 이성의 영역에 속하기 때문이다. 따라서 "관심 없는 만족"은 자유로운 유희에 대한 의식을 통해 생성된 "유쾌함"에 대한 하나의 다른 표현일 뿐이다. 양자 모두 동일한 것을 지칭하기 때문이다.

지금까지 논의한 대로 관심 없는 만족은 취미판단의 필연적인 전제이다. 따라서 이 판단의 근간을 이루는 미적 반성은, 패촐트의 말대로, "객체와의 비도구적인 관계"의 한 패러다임으로 해석될 수 있다.[94] 그럴 것이 '관심 없는 만족', 즉 '정관적 즐거움'은 주체로 하여금 모든 실질적인 이해관계적 관심에서 벗어나 대상을 '관조'할 수 있도록

---

[93] 칸트는 『순수이성비판』에서 상상력은 "감성(Sinnlichkeit)"에 귀속된 것으로 볼 수 있으나, 그럼에도 불구하고 "직관의 합성을 범주에 맞추어" 생성해낸다고 말한 바 있다. (KdrV, B 152)

[94] Paetzold, p. 83.

만들기 때문이다. 주체는, 그것이 감각적이든 이성적이든, 특별한 욕구의 특별한 관점에서 벗어나 대상을 그저 있는 그대로 바라볼 수 있는 것이다. 그러나 이해관계적 관심에서의 해방은 단순한 벗어남은 결코 아니다. 그럴 것이 이 해방은 대상에 대한 새로운, 이해관계적 관심과는 전혀 다른 유형의 관심을 가능하게 하기 때문이다. 칸트가 "직접적인, 그러나 지적인"(KU, 299) 것으로 규정한 이 새로운 관심은 대상을 그 자체의 목적으로, 그리고 하나의 독립적인 존재로 존중하는 관심이다.[95] 이 관심은, 앞 장의 "본래적 인식"에 대한 논의에서 드러난 바와 같이, 그 무엇과도 공유하지 않는 대상의 고유한 개별성에 대한 인정이며 존중이다. 또한 이 관심은 주체로 하여금 대상의 존재에 대한 깊은 내적 연대감을 느낄 수 있도록 하는 관심이다. 이 관심이 "직접적(unmittelbar)"이라 함은 이것이 모든 것을 오로지 수단과 목적의 관계에서 보는 유용론적 사유에 의해 매개되지 않았음을, 그리고 "지적(intellektuell)"이라 함은 이것

---

[95] Recki, p. 25와 Biemel, p. 39 참조.

이 인간의 이성적 본성에서 연유했음을, 그래서 그 본성이 '지적'이자 '도덕적'임을 말해준다.

> 홀로(그리고 자신이 관찰한 것을 다른 사람들에게 전달하려는 의도 없이) 야생의 꽃과 새, 곤충 등의 아름다운 자태를 바라보면서 그것들을 경탄하고 사랑하며, 그것들 때문에 자신에게 다소간 손해가 생기거나, 더욱이 거기서 자신을 위한 어떤 이익을 얻을 가망이 없다 해도, 그것들이 자연에서 모조리 사라지는 것을 안타깝게 여길 사람은, 자연의 아름다움에 대해 **직접적인, 그러나 지적인 관심**을 가지고 있는 것이다. 그 말인즉, 자연의 산물은 형식적 측면에서뿐 아니라 그것의 **현존 자체**도 그를 만족시키는 것이다, 그 어떤 감각적 자극이 거기에 섞임이 없이, 그리고 그것을 그 어떤 목적과 연계시킴도 없이 말이다.[96]

바로 이러한 관점에서 칸트는 "자연의 아름다움에 대한 직접적인 관심은 선한 영혼의 표식"(KU, 298)이라고 말하기

---

[96] KU, 299. 강조는 저자에 의한 것임.

도 한다. 아름다움을 "도덕성의 상징(Symbol der Sittlichkeit)"[97]으로 해석하는 시각 역시 같은 맥락에서 이해할 수 있을 것이다.

지금까지의 논의를 요약하자면 아름다움은 주체로부터 독립되어 있는, 그 어떤 객관적인 형질은 결코 아니다. 대상의 아름다움은 주체가 이해관계적 관심 없이 대상을 관조할 때 비로소 구현되어 나타나는 것이다.[98] 모든 것을 목적론적 관점에서 보는 도구적 이성에서의 해방, 이성과 감성의 조화로운 관계로 구성된 심성, 주체가 이러한 인간 본연의 본성을 회복했을 때, 다시 말해 그가 미적 자세를 가지고 대상을 대할 때, 대상은 아름답게 나타날 가능성을 품게 되는 것이다.[99] "아름다움에 대한 취미는 조용한 정관 속의 심성을 전제로 한다"(KU, 247)라는 명제는 바로 이러한 사실이 반영된 것이다.

---

[97] 59절의 표제는 "도덕성의 상징으로서의 아름다움에 대하여"이다.
[98] Scheible, p. 150.
[99] Biemel, p. 39.

3. "목적 없는 합목적성"

(1) "목적 없음"과 "관심 없음"의 의미적 연관성

대상의 아름다움을 판단하는 첫 번째 규정근거가 대상에 대한 "관심 없는 만족"이라면 칸트가 제시한 두 번째 규정근거는 "목적 없는 합목적성"이다. 『판단력 비판』 제11절의 표제어는 "취미판단은 오로지 대상의(또는 그 대상의 표상유형의) **합목적성의 형식**만을 판단 근거로 한다"[100]이다. 아름다움을 목적 관계의 관점에서 분석한 제3계기(10~17절)의 결론은 이 명제를 좀 더 구체적으로 설명한다.

> **아름다움**은, 어느 대상의 합목적성이 **어떤 목적의 표상 없이** 그 대상에서 지각되는 한에서, 그 **합목적성의 형식**이다. (KU, 236)

목적은 근원적으로 욕구의 대상이다. 그리고 이 욕구를

---

[100] 11절의 표제어. 강조는 칸트에 의한 것임.

실현시키려는, 즉 목적에 이르려는 의도적 결정은 의지이다. 칸트 역시 "욕구능력은, 그것이 오로지 개념을 통해, 다시 말하면 어떤 목적의 표상에 맞추어 행동하도록 규정될 수 있는 한에서, 의지라 할 것이다"(KU, 220)라는 말로 이러한 욕구-의지-목적 간의 연계성을 설명한다. 위 인용문에서 칸트가 의미한 "개념"은 막연하고 모호한 생각이 아니라 확실하고 뚜렷한, 즉 개념적 명료성을 갖춘 목적의 표상이다. 욕구의 대상에 대한 표상이, 즉 실현시키려는 것에 대한 생각이 명확한 개념으로 나타날 때 비로소 하나의 목적이 생겨나는 것이다. 바로 이러한 맥락에서 칸트는 목적을 "개념의 대상"으로 규정한다.

> 목적이 무엇인가를 그것의 초월적 규정들에 따라 (…) 설명하자면, 목적이란 어떤 개념이 한 대상의 원인으로(그 대상의 가능성을 보여주는 실제적 근거로) 간주되는 하에서 그 개념의 대상이다. (KU, 220)

이러한 목적 대상을 실현할 수 있게 하는 "실제적 근거"로서의 개념에 있어서 중요한 것은 객관적이며 논리적으로 대상을 인식하는 것이 아니다. 그럴 것이 이 개념은 욕구 실현의 의지와 결부되어 있기 때문이다. 따라서 여기서 중요한 것은 '그것은 무엇이다'라는 순수한 인식론적 관점에서 도출된 개념이 아니라 "그것이 어떤 사물(事物)이어야 한다(was es für ein Ding sein solle)"(KU, 227), 또는 "그 사물은 무엇이어야 한다(was das Ding sein solle)"(KU, 227)라는 목적론적 관점에서 생성된 개념이라는 사실이다. 그러나 인식론적 관점이나 목적론적 관점 모두 개념을 통해 대상을 규정한다는 공통점이 있다. 그럴 것이 칸트적 의미에서의 목적은 "그것의 개념이 대상 자체의 가능성을 보여주는 근거로서 간주될 수 있는 것"(KU, 227)이기 때문이다. 그리고 바로 이러한 개념적 규정 때문에 어떠한 목적도 취미판단의 긍정적 대상이 될 수 없다. 앞 장에서 논의한 바와 같이 '아름답다'라는 판단은 대상을 특정한 개념으로 고착시키는 인식판단이 결코 아니기 때문이다. 미적 반성, 혹은 미적 체험은, 누차 강조한 바와 같이, 대상에 대한 '개념적 인식'이 아니라 '본래적 인식'에 이른다. 따라서 어떠한 목적도, 그것이 개념적으로 규정되는 한, 미적 쾌감이나 만족의 근거가 될 수 없는 것이다.

 '목적 없음'이 미적 판단의 절대적인 전제조건인 것은 비단 목적이 개념을 통해 규정되며, 그 결과로 취미판단을 인식판단으로 바꾸기 때문만은 아니다. 목적은 또한 대상에 대한 '이해관계적 관심'을 일으키며 그래서 미적 판단의 절대적 전제조건인 '관심 없는' 만족을 '관심 있는' 만족으로 만들기도 한다. 칸트가 분류한 "세 가지 유형의 만족"에 대해서는 앞 장의 "관심 없는 만족"에서 충분히 논의했다. 그리고 인간의 물질적, 감각적, 본능적 욕구 충족과 관련된, 그래서 "쾌락"과 "향락"을 본성으로 하는 "쾌적한 것에서 얻는 만족"과 이성을 매개로 하는, 그래서 지적이며 도덕적, 실천적인 "좋은 것에서 얻는 만족"이 모두 인간의 "욕구능력"과 관련 있고, 이러한 본성으로 인해 관심과 결합되어 있음도 상세히 설명했다. 이 두 유형의 만족은 모두 욕구충족을 목적으로 할 수밖에 없고, 그래서 자연히 대상에 대해 이 목적과 관련된 "관심"을 가지게 되는 것이다. 이러한 관점으로 보면 "목적 없는 합목적성"에서의 "목적 없음"과 "관심 없는 만족"에서의 "관심 없음"은 사실상 하나의 동일한 주체의 내적 상태에 대한 서로 다른 표현일 따름이다. "관심 없는" 만족은 또한 "목적 없는" 만족이기도 한 것이다. 이 두 조건을 모두 충족하는 만족은 "아름다운 것"에서 얻는 만족이 유일하다. 목적에서 자유로운, 그래서 목적과의 연관성에서 연유된 관심에서도 자유로운 만족, 즉 미적 체험에서 주체는 바로 이 자유로움 때문에 대상을 정관할 수 있으며, 이 자유로움의 의식에서 생성된 "즐거움" 속에서 "유유자적"할 수 있는 것이다. 목적이 없기에 그는 목적을 실현하려는 행동을 할 필요가 없고, 관심이 없기에 대상과 거리를 둘 수 있기 때문이다. 미적 체험은 또한 대상을 '그것이 무엇이어야 한다'라는 목적론적 관점에서 생성된 '개념'의 틀에 억지로 끼워맞출 필요가 없고, 그래서 대상의 왜곡된 인식(즉 개념적 인식)이 아니라 대상을 있는 그대로의 모습으로 보는 "본래적 인식"에 이를 수도 있다. '아름답다'라는 판단은 이러한 모든 것을 총칭하는 표현이다. 어느 대상을 '아름답다'라고 판단하려면 판단자는 어떤 이해관계적 관심도 어떤 욕구 실현의 목적도 대상과 연관시켜서는 안 되는 것이다.

(2) 주관적, 형식적 합목적성

"목적 없는 합목적성"의 1차적 조건인 "목적 없음"이 "관심 없는 만족"의 1차적 조건인 "관심 없음"과 사실상의 동의어이고 바로 그러한 의미에서 미적 판단의 전제를 이루고 있음은 앞에서 자세히 논의했다. 이제는 "합목적성"의 개념 규정과 그리고 이 말이 "목적 없는"이라는 형용사와 결합하면 어떤 의미의 내용을 얻게 되는지 집중적으로 논의해야 할 것이다.

개념을 "한 대상의 원인" 또는 "그 대상의 가능성을 보여주는 실제적 근거"(KU, 220)로 규정한 10절에서 칸트는 "어느 개념의 그것의 객체에 대한 원인성(原因性, Kausalität)"을 "합목적성(목적형식, forma finalis)"(이상 KU, 220)으로 정의한다. 원인(혹은 "근거")으로서의 개념과 결과로서의 목적 사이의 인과관계적 형식이 합목적성으로 파악된 것이다. 이 인과관계의 근원을 좀 더 거슬러 올라가 살펴보면 이 관계의 시작은 대상과 관련된 주체의 "욕구능력"이다. 이 욕구능력에서 욕구를 충족하려는 "의지"가 생성되고, 이 의지에서 "그것은 무엇이어야 한다"라는 목적에 대한 "개념"이, 그리고 이 개념에서 비로소 "목적"이, 즉 "그것은 무엇이어야 한다"에서의 "무엇"이 구체적으로 나타나는 것이다. 대상은 이 "무엇"이 되려면 "무엇"을 포괄하는 개념에 포섭되어야 한다. 예를 들어 꽃 한 송이와 관련하여 주체가 '저 꽃은 향유(香油)의 원료여야 한다'라는 목적 개념을 설정하면 그 꽃은 '향유 원료'라는 개념에 포섭되어야 한다. 즉 '향유 원료'로서 개념적으로 규정되는 것이다.

하나의 대상이(더 정확하게는 그 대상의 표상이) 개념적으로 규정되는 과정에서 그 대상에 내포된 다양한 요소, 즉 "다양한 것"은 전체적으로 배려되지 못한다. 포섭하는 개념의 규칙에 상응하지 못하는 요소들은 개념화의 과정에서 배제되는 것이다. 이것이 인식판단과 취미판단을 구분 짓는 본질적 차이임은 앞에서 여러 번 강조했다. 대상을 어떤 특정한 개념으로 고착시키는 인식판단은 따라서 '단편적'일 수밖에 없으며 그 대상 본래의 모습을 왜곡한 것임은, 그리고 취미판단을 통해서 비로소 결코 하나의 개념으로 규정될 수 없는 대상의 본래적 모습에 근접하는 "본래적 인식"이 이루어짐은 충분히 논의했다. "본래적"으로 "인식"된, 즉 '아름답다'고 판단된 것은 어떠한 특정한 개념으로도 규정될 수 없으며 어떠한 특정한 개념도 구현하지 않는다. 비개념성(非槪念性)은 따라서 미적인 것의 본성이며, 바로 이 본성으로 해서 미적인 것은 목적을 가지지 않는 것이다. 그럴 것이 개념 없는 목적은, 개념을 목적의 "실제적 근거"로 규정하는 칸트의 미학 이론에서는, 사실상 불가능하기 때문이다.

그런데 칸트가 아름다움의 조건으로 내세운 "합목적성"은 "목적 없음"을 전제로 한다. 이 목적 없음이 사실상 미적 대상의 비개념적 본성을 의미함은 전술한 바와 같다. '목적'과 '개념'은 사실상 동의어인 것이다. 만일 목적이 명확하게 개념적으로 규정되어 있다면 대상, 목적, 개념은 동일한 것의 다른 표기이다. 왜냐하면 '그것은 무엇이어야 한다'라는 목적 설정에서 '그것'인 대상은 목적인 '무엇'이 되려면 이 '무엇'이 구현하는 '개념'에 포섭되어야 하기 때문이다. 이때 '그것'의 '무엇'에 대한 합목적성은 객관적이다. 대상인 '그것'은 주체의 의지 실현의 객체이자 실현 장소이고, 목적으로 설정된 것은 주관적 감정이 아니라 객관적인 개념으로 나타나기 때문이다. 대상이 목적에 얼마나 합목적적인가는 '그것'이 내포한 '다양한 것'이 얼마나 '무엇'의 개념적 법칙에 상응하는가에 달려있다. 칸트의 말대로 "객관적 합목적성은 오로지 어떤 특정한 목적에 대한 다양한 것의 관계를 매개로 하여, 따라서 단지 하나의 개념을 통해서 인식될 수 있는 것이다".(KU, 226)

그런데 칸트가 제시한 아름다움의 조건은 "목적 없는 합목적성"이다. '목적 있는 합목적성', 즉 객관적 합목적성에서 이 합목적성의 내용(질료, 質料, Materie)을 구성하는 구체적 목적이 삭제된, 그래서 '내용' 없이 '형식'으로서만 남게 되는 합목적성인 것이다. "목적 없는 합목적성"은 따라서 "질료도 그리고 (다양한 것의) 합일의 지향점이 되어야 할 개념도 없는"[101] "형식적 합목적성"이다. 바로 이러한 맥락에서 칸트는 "객관적인 목적 없는 합목적성"을 상정하는 것은 "그야말로 모순"(KU, 228)이라고 단정한다. 그럴 것이

---

[101] KU, 228. 괄호 안은 저자의 부연설명임.

대상이, 정확하게는 대상의 다양한 것이 목적에 합치되는 적합성이 객관적 합목적성의 개념을 이루는데, 목적이 배제되면 이 관계 자체가 성립하지 않기 때문이다. 목적 없는 합목적성은 따라서 결코 객관적일 수 없다. 다시 말하면 목적 없는 합목적성은 '형식적'이자 동시에 '주관적'인 것이다.

그렇다면 이러한 맥락에서 "형식적"의 의미는 무엇일까? 이 말은 무엇보다도 목적 없는 합목적성이, 비록 '내용'인 목적은 배제되어 있으나, '형식'으로서는 존속함을 의미한다. 좀 더 구체적으로 말하면 대상의 표상을 이루는 다양한 것이 합일하려는 지향점이 특정한 하나의 개념에서 불특정한, "그 어떤 하나를 이룬 것"[102]으로 바뀌었음을

---

[102] 칸트의 용어로는 Einer(s). 독일어의 부정대명사 einer(s)은 하나의 규정되지 않은 어떤 사람(혹은 어떤 것)을 나타낸다. 칸트는 보통 소문자(einer)로 쓰이는 이 부정대명사를 대문자(Einer)로 씀으로써 독특한 의미를 부여하고 있다. ein이 갖는 '하나'의 의미와 '부정성(不定性)'의 의미를 모두 포괄하는, 그래서 '하나를 이룬 그 어떤 것' 혹은 '전체성을 지닌 그 어떤 것'의 의미로 사용한 것으로 생각된다. '하나'는 전체성이나 통일성에 대한 상징적 의미가 있다. KU, 227 참조.

의미한다. 칸트의 다음과 같은 단정은 이러한 사실관계를 분명히 밝히고 있다.

> 어떤 사물의 표상에서 형식적인 것, 다시 말해 다양한 것의 (그것이 무엇이어야 하는지가 미정인) 그 어떤 하나를 이룬 것으로의 합일은 그 자체로는 결단코 어떠한 객관적 합목적성도 알게 해주지 못한다. (KU, 227)

객관적 합목적성을 인식할 수 없는 이유는 표상의 다양한 요소가 합일하려는 지향점이 특정한 '개념'으로 명시된 목적이 아니라 특정한 개념으로 결코 고착시킬 수 없어서 규정이 불가능한, 그러나 전체성과 통일성을 지녀서 '하나를 이룬' 그 어떤 것이기 때문이다. 대상의 표상에 내포된 다양한 것이 무엇인가로의 합일을 지향하고 있으며 또한 이 합일에 적합함은, 즉 '합목적성'을 가지고 있음은 변함이 없다. 다양한 것이 합일에 합목적적이지 못했다면 '그 어떤 것'은 '하나', 즉 전체를 이루지 못했을 것이다. 그러나 개념을 통해 '객관적'으로 명시된 '목적'이 배제되었기에 이 합목적성은 객관성을 상실하고 '주관적'이 된다. 칸트의 말대로 "하나를 이룬 그 어떤 것"은 "(그 사물은 무엇이어야 한다)라는 목적으로서는" "도외시되는" 것이다. 그럼으로써 "직관하는 사람의 심성에는 오로지 표상의 주관적인 합목적성만이 남는 것이다"(KU, 227).

객관적 개념적 목적을 대체하는 "하나를 이룬 그 어떤 것"이 어떻게 설명될 수 있으며, 이것이 가진 전체성이나 통일성이 무엇을 근거로 하는지는 다음 장에서 논의할 것이다. 여기서는 우선 형식적 합목적성의 주관적 본성을 칸트 미학의 전체적인 맥락에서 분석해보기로 한다.

앞에서 여러 번 강조한 것처럼 칸트 미학의 가장 기본적인 전제는 아름다움을 판별하는 취미판단이 인식판단이 아니라 '미적·감성적' 판단이라는 사실이다. 미적·감성적 판단이라 함은 무엇보다도 이 판단이 "주관적 근거에 의거하고 있음을", 그리고 그 판단의 근거가 "어떠한 개념도 (…) 아니라는"(KU, 228) 의미이다. 다르게 말하자면 취미판단에서는 판단 대상의 표상은 객체인 대상이 아니라 판단 주체의 내적 상태와 관계되는 것이다. 따라서 "아름다움은 어느 대상의 합목적성이 어떤 목적의 표상 없이 그 대상에서 지각되는 한에서, 그 합목적성의 형식이다"라는 아름다움의 규정은 대상에 대한 규정이 아니다. 대상에서 목적 없는 합목적성을 인지하도록 해주는 것은, 최소한 1차적으로는, 대상의 본성과는 관련이 없다. 이것을 가능하게 하는 것은 주체의 내적 상태, 특히 상상력과 지성의 조화, 그리고 이 조화를 기본으로 하여 전개되는 이 두 인식능력 사이의 자유로운 유희인 것이다.

 인식능력 간의 자유로운 유희는, 앞 장에서 설명한 바와 같이, 상상력과 지성 사이에 '조화'의 관계가 성립되었을 때 이루어진다. 두 인식능력이 이 조화로운 관계를 기반으로 서로의 기능을 촉진하고, 서로를 활성화하는 것이 자유로운 유희의 본성임은 이미 설명했다. 그런데 상상력은 기본적으로 감성의 영역에 속하며 지성은 이성의 영역에 속한다. 따라서 이들 간의 관계가 조화롭다는 것은 판단 주체의 내적 심성이 이성과 감성의 조화로운 상태에 있음을 의미한다. 말하자면 오로지 동물적이지도 않고 오로지 이성적이지도 않은 인간의 본래적 천성이 회복되었음을 의미한다. 바로 이 조화와 균형으로 말미암아 주체는 대상에 아무런 이해관계적 '관심'도 가지지 않으며, 대상에서 욕구충족의 '목적'도 추구하지 않는다. 감성이 우위에 있다면 그는 대상에 감각적, 본능적 욕구의 '관심'을 가질 것이며 대상에서 "쾌적한 것"을 '목적'으로 할 것이다. 이성이 우위에 있다면 주체는 대상에 지적, 도덕적 관심을 가질 것이며 대상에서 "좋은 것"을 목적으로 할 것이다. 그러나 감성과 이성이 조화로운 관계에 있다면, 상상력과 지성은 상호간의 기능 촉진과 상호 활성화라는 자유로운 유희에 들어설 수 있으며, 그 결과로서 주체는 이 자유로운 유희 안에서 목적을 추구하는 행동 없이 오로지 "유유자적하며" 하며 대상에 거리를 두고 "정관"할 수 있는 것이다. 이러한 과정에서 그가 느끼는 유쾌함의 감정은 대상의 본성이나 형태와는 무관한 미적 만족이다. 이 쾌감은, 그리고 이 쾌감의 표현으로서의 '아름답다'라는 판단은 모두 주체의 조화로운 심성적 상태에서 연유한다. 따라서 '관심 있는 만족'이 '관심 없는 만족'으로, 또 '목적 있는 합목적성'이 '목적 없는 합목적성'으로 바뀌는 것은 오로지 주체의 심성적 상태에 따른 것이다.

지금까지의 논의에서 목적 없는 합목적성이 '형식적'이

며 또한 '주관적'임이, 즉 오로지 주체의 내적 상태와 관련되어 있음이 분명해졌다. 그리고 이 주관적 합목적성이 가장 대표적으로 구현되어 나타나는 곳 역시 주체의 심성 안에서 일어나는 인식능력의 자유로운 유희에서이다.

취미판단의 선험성을 논한 12절에서 칸트는 "주체의 인식능력의 유희 안에 있는 순전히 형식적인 합목적성에 대한 의식이 유쾌함 그 자체이며" 이 유쾌함이 "어떤 특정한 인식에 한정되어 있지 않은, 본래적 인식에 대한 하나의 (합목적적인) 내적 원인성"(KU, 222)을 함유한다고 강조하고 있다. 이 "원인성"이 "내적"인 것은 "본래적 인식"이 결과로서 초래되었으나 목적으로서는 의도되지 않았기 때문이다. 본래적 인식은 객관적인 목적으로 설정되지 않았으며, 따라서 원인으로서의 자유로운 유희는 결과로서의 본래적 인식에 대해 외적, 객관적인 원인성을 가지지 않기 때문이다. 본래적 인식이 목적으로 설정될 수 없는 것은 이 인식이 하나의 특정한 개념을 통해 명시적으로 나타날 수 있는 객관적 논리적 인식이 아니기 때문이다. '본래적 인식'이 이처럼 비개념적인 반면에 목적은 개념을 "실제적 근거"

로 하고 있기에, 본래적 인식은 결코 목적이 될 수 없다. 따라서 인식능력의 자유로운 유희, 또는 그의 심성이 이 유희의 상태에 있는 주체는 대상에서 "주관적 합목적성의 순수한 형식"만을 인지할 뿐, 어떠한 목적도 설정하지 않는 것이다. 그러나 이 "주관적 합목적성의 순수한 형식"은 대상에 대한 규정이 아니다. 다시 말하면 아름다운 대상을 아름답지 않은 대상과 구분하는 '객관적'인 기준이 될 수 없는 것이다. 이 용어는 자유로운 유희의 상태에 있는 주체의 내적 상태에 대한 표현일 뿐이다.

(3) 대상 형식의 합목적성

'관심 없는 만족'이나 '목적 없는 합목적성'은, 지금까지 보아온 대로, 기본적으로 취미판단의 객체가 아니라 주체와 관련된, 즉 주관적인 미적 판단의 기준이다. 그런데 칸트는 미적 판단의 연혁을 논하는 30절에서는 사연의 아름다운 사물의 합목적적 '형식'이 주체의 인식능력으로 하여금 자유로운 유희의 상태에 들어서도록 한다고 강조하고 있다. 대상의 합목적적 형식이 대상을 바라보는 사람을 미적 자세로 이끌며, 따라서 취미판단의 근거는 주체가 아니라 객체에서 찾아야 한다는 것이다. 취미판단의 본성을 오로지 미적·감성적인 것으로, 즉 판단 주체의 내적, 심성적 상태와만 관련된 '주관적' 판단으로 규정한 기본 전제를 뒤집는 듯한 이러한 명제는 그러나 칸트 미학의 '주관적' 본성을 부정하는 것은 아니다. 우선 이 이론을 따라가 보기로 한다.

> 왜냐하면 [미적 대상의] 합목적성은 (…) 객체와 객체의 형태 안에 자신의 근거를 가지고 있다. 비록 이 합목적성이 객체와 다른 대상들과의 관계를 (인식판단을 위해) 개념에 따라서 보여주는 것이 아니라, 그것의 형식이 [우리의] 심성 안에서 개념의 **능력**에도 그리고 개념의 현시(顯示) **능력**에도 (…) 적합함을 보여주는 한에서, 오로지 이 형식을 이해하는 데만 전체적으로 관련되어 있지만 말이다.[103]

---

[103] KU, 279. ( )안은 칸트의 부연설명이며, [ ] 안은 필자의 부연설명임.

위의 예문은 아름다움이 대상의 본성에 기인함을 분명히 하고 있다. 다만 이 본성은 개념적으로 인식될 수 없고 오로지 미적 반성, 즉 미적 체험을 통해서만 나타나며, 이러한 이유로 해서 객관화될 수 없다는 것이다.[104] 그런데 이 형식적 합목적성이 대상의 미적 본성이 되려면 이 합목적성은 일정한 형식적 요건을 갖추어야 한다. '목적 없음'이 합목적성을 내용 없는 '형식'으로 만들었다면 이제는 이 '형식'의 (미적 판단에 대한) '합목적성'이 논의의 대상이 된 것이다. '목적 없음'은 구체적으로 어떠한 합목적적인 형식적 특성을 가지고 있는가?

가장 중요한 특성은 대상(더 정확하게는 대상의 표상)의 형식이, 위의 칸트의 말을 인용하면, "개념의 **능력**에도 그리고 개념의 현시(顯示) **능력**에도 (…) 적합"해야 한다는 것이다. 이를 좀 더 구체적으로 설명해 보기로 한다. 자연의 사물에 있어서 대상의 표상을 내용적으로 구성하는 다양한 것은 대상마다 모두 다르다. 어떠한 사물도, 같은 종(種),

---

[104] Fricke, p. 54 참조.

같은 유(類), 같은 속(屬), 같은 과(科)에 속한 것일지라도, 완전하게 서로 같은 것은 없다. 이들은, 칸트의 말대로 "무한하게 다양한"(KU, 185) 것이다. 그러나 이러한 내용적 차이에도 불구하고 모든 대상에 있어서 다양한 것이 표상이라는 하나의 전체를 구성하는 형식은 동일해야 한다. 이 형식적 동일성의 바탕 위에서만 주관적 합목적성을 논의할 수 있는 것이다. 칸트는 이 동일성을 지성과 상상력의 강요되지 않은 합치(Übereinstimmung)에서 찾고 있다. 표상이 "개념의 **능력**에도 그리고 개념의 현시(顯示) **능력**에도" 적합하다는 것은 이 합치가 이루어져 있음을 의미한다. 취미판단이 제대로 이루어지려면 미적 반성은 표상에서 지성과 상상력의 이러한 합치의 형식을 밝혀내야 한다. 칸트의 다음의 언급은 이를 좀 더 구체적으로 설명한다.

> 어떤 주어진 객체의 형식이 경험적 직관에서 다음과 같은 본성을 가진다면, 즉 상상력 안에서 이 직관을 포착한다는 것이 지성의 (어떤 것인지 규정되지는 않은) 개념이 현시되는 것과 합치한다면, 순수한 [미적] 반성에서 지성과 상상력은 그들의 업무를 상호 촉진

할 수 있도록 합치할 것이며, 또한 대상은 오로지 [취미]판단력을 위해 합목적적으로 감지될 것이다, 따라서 합목적성 자체는 오로지 주관적인 것으로 고찰될 것이다.[105]

앞의 '목적 있는 합목적성'과 '목적 없는 합목적성'에 대한 논의에서 두 합목적성의 가장 본질적인 차이가 대상의 표상에 내재한 다양한 것이 합일하려는 지향점이 전자의 경우 하나의 특정한 개념이며, 이 개념이 객관적으로 명시된 '목적'으로 나타나는 반면에, 후자에서는 다양한 것이 합일하려는 지향점이 결코 하나의 특정한 개념으로 규정될 수 없는 "그 어떤 하나를 이룬 것"임이 밝혀졌다. 이러한 사실은 무엇보다도 대상의 표상에 대한 판단이 인식판단이 아니라 취미판단임을 보여준다. 그럴 것이 인식판단은 대상의 개념화로, 즉 대상을 특정한 개념에 포섭하는

---

[105] I. Kant: Erste Einleitung in die Kritik der Urteilskraft. Nach der Handschrift herausgegeben v. G. Kehmann, 2. Aufl., Hamburg 1970, S. 27. Paetzold, p. 90에서 재인용. 괄호 [ ] 안은 필자의 부연설명임.

판단이기 때문이다. 대상은 오로지 개념을 통해 매개되고 인식되는 것이다. 그리고 이러한 인식판단에서는 상상력과 지성이라는 두 인식능력 간의 관계가 대등하지 못하며, 지성이 주도적인 역할을 한다는 것도 여러 차례 강조했다. 반면에 취미판단의 경우 상상력과 지성의 관계는 '조화'로서 규정될 수 있으며, 이러한 조화와 균형의 관계를 바탕으로 두 인식능력 간에 상호 기능 촉진과 활성화가 이루어지는 '자유로운 유희'가 성립됨도 이미 설명했다.

위의 칸트 인용문은 이러한 사실 관계에 대한 또 다른 설명이다. 상상력에 의해 포착된 직관(즉 다양한 것)이 그 자체로서-그리고 이는 상상력의 기능이 지성에 의해 아무런 제한이나 간섭을 받지 않음을 의미하는 바- 추상적인, 즉 비현상적인 개념의 현상적 나타남(즉 '현시')과 합치한다면, 이 직관(또는 표상)은 그 어떤 통일적인 전체성을 가진 것으로 이해되어야 한다. 그렇지 않다면 결코 개념과 합치될 수 없기 때문이다. 그런데 이 개념은 '규정될 수 없음'을 본성으로 한다. '비규정적이고 불특정한 통일된 전체로서의 그 어떤 것'이다. 다시 말하면 개념적으로 정의될 수 없으나 개념적인 통일성을 지닌 이 '직관'은 앞에서 목적 없는 합목적성의 지향점으로 설명한 "그 어떤 하나를 이룬 것"이다. 더 나아가 이 직관은 "자유로운 유희"와 "본래적 인식"의 관계에 대한 논의에서 설명한 "개념 없는 도식화"와도 그 맥을 같이 한다. '도식'의 본성인 질서 있는 통일성을 가지고 있으나 특정한 개념으로 규정되거나 포섭될 수 없기 때문이다. 요컨대 "개념의 **능력**에도 그리고 개념의 현시(顯示) **능력**에도 적합한" 직관, "개념 없는 도식"으로서의 직관 그리고 "하나를 이룬 그 어떤 것"은 동일한 대상에 대한 서로 다른 표현일 따름이다. 무엇보다도 이들은 인식능력 간의 자유로운 유희를 통해서만 인식 또는 체험된다는 본질적인 공통점이 있다. 지성과 감성의 조화가 이들 모두의 형식적 본성을 이루고 있는 것이다.

지금까지의 논의를 요약하면, 어떤 대상이 아름다운 것으로 판단되려면 판단의 주체는 이 대상에서 목적 없는 합목적성을 인지해야 한다. 그리고 목적 없는 합목적성을 인지하기 위해서는 합목적성의 내용을 이루는 구체적이며 실체적인, 그리고 개념으로서 명시될 수 있는 목적이 배제되어야 한다. 그래야만 형식으로서의 합목적성만이 판단 주체의 고찰 대상이 될 수 있는 것이다. 그렇다면 개념으로서의 목적은 어떻게 배제될 수 있을까? 어떻게 하면 주체는 대상의 표상의 내용이 아닌 형식만을 판단의 객체로서 볼 수 있을까 하는 의문이 제기된다.

칸트는 대상의 내용을 배제하려면 대상의 내용을 이루는 다양한 요소와 자료, 즉 다양한 것을 "도외시(Abstrahieren)"해야 한다고 단정한다. 다양한 것에 관심을 두는 것은, 즉 "대상의 본성에 대한 개념"을 생각해보고 "이런 저런 원인에 의한 대상의 내적 및 외적 가능성"(이상 KU, 221) 등을 헤아리는 것은 대상에 대한 이해관계적 관심을 전제하기 때문이며, 대상을 어떤 목적과 연관시키고 있음을 의미하기 때문이다. '그것은 무엇이어야 한다'라는 목적 설정에서 '그것'인 대상은 목적인 '무엇'의 개념으로 인식되어야 한다. 그리고 이러한 개념화의 과정에서 대상의 다양한 것은 전체적으로 배려되지 못함은 앞에서 이미 설명했다. 다양한 것을 내포한 요소 중 오로지 목적으로 설정된 개념의 법칙에 상응하는 것만이 개념 안으로 포섭되는 것이다. 그러나 취미판단은 인식판단은 아니다. 칸트의 말대로 "오로지 표상능력(인식능력)의 (…) 상호관계에만 관계하는 미적 판단인 것이다".[106]

대상(의 표상)은 내용을 이루는 물질성, 소재성을 탈피하고 순수한 형식이 될 때 목적 없는 합목적성을 가진 것으로 인지되며, '아름다운' 것으로 판단된다. 아름다움은 오로지 "대상의 형식 때문에 대상에 짝지어진"(KU, 225) 것이다. 칸트가 14절에서 그림의 개괄적 윤곽이나 실루엣을 나타내는 드로잉(drawing)[107]을 모든 조형예술에서 "본질적인 것"으로 높이 평가한 것은 이러한 맥락에서이다.

> 회화(繪畵)에서, 조각술에서, 아니 모든 조형예술에서 (…) 본질적인 것은 드로잉이다. 드로잉에서는 감각 안에서 즐거움을 주는 것이 아니라 순전히 형식을 통해 만족을 주는 것만이 취미를 향한 모든 성향의 근거

---

[106] KU, 221. 괄호 안은 필자의 보충 설명임.
[107] 독일어 원어로는 Zeichnung.

를 이루고 있다. (KU, 225)

칸트는 그림의 대략적인 윤곽을 선(線)으로만 묘사한 소묘(素描, 데생)에 색을 입히는 것을 형식의 파괴로 단정한다. 우선 색은, 특히 다양한 색은, 감각적 자극인 바, 감각적 자극을 통한 만족은 결코 "순수한 취미판단"의 근거가 될 수 없다는 생각에서이다. "취미는 그것이 만족을 위해 자극이나 감동의 혼합을 필요로 하는 곳에서는 (…) 언제나 아직도 야만적인 것이다." 또는 "규정근거가 오로지 형식의 합목적성뿐인 취미판단만이 순수한 취미판단이다"(이상 KU, 223) 등의 칸트의 말은 모두 이러한 맥락에서 나온 것이다. 또한 소묘에 색을 칠한다는 것은 내용 없는 형식인 소묘에 내용을 주는 행위이다. 즉 전체적인 윤곽으로만 존재하는, 그래서 무엇인지 뚜렷하게 개념적으로는 인식될 수 없는, 그럼에도 불구하고 하나의 전체를 이룬 이 선의 형식은 색이라는 내용, 즉 다양한 것을 내포하게 되며, 그리고 판단의 주체가 어떤 동기에서든 이 내용을 도외시하지 않는다면, 경우에 따라서는 목적론적 인식판단의 대상이 될 수 있는 것이다. 그럴 것이 특정한 동기에 따라 다양한 것을 선택하고 취합하는 것은 대상을 하나의 특정한 개념으로 규정하는 인식판단이 되기 때문이다. 주체가 대상에서 하나의 목적을 설정한 경우에는, 즉 '그것은 무엇이어야 한다'라는 목적의 개념이 설정된 경우에는, 대상인 '그것'은 '무엇'이라는 개념으로 판단됨은 물론이다.

요컨대, 대상의 표상에서 내용을 이루는 다양한 것이 도외시되지 않으면, 그래서 표상이 '형식'이 되지 않으면, 판단자가 대상과 관련하여 쾌감과 만족감을 느끼더라도, 순수한 취미판단은 이루어지지 않는다.

> 아무튼 어떤 사물에 있어서 다양한 것에 대한 만족이 그 사물의 가능성을 결정하는 내적 목적과 관련된 것이라면, 그것은 개념에 근거한 만족이다. 그러나 아름다움에 대한 만족은 어떠한 개념도 전제하지 않으며, 그것을 통해 대상이 주어지는 표상과 (…) 직접적으로 결합되어 있는 그러한 만족이다. (KU, 230)

위의 예문을 좀 더 자세히 설명해보자. "사물의 가능성"

은 설정된 목적에 사물이 부합할 가능성을 의미하는 것으로 생각할 수 있다. 사물이 목적으로서 기능할 수 있는 가능성을 뜻하는 것이다. "내적 목적"은 물론 목적 개념으로 포섭됨을 의미할 것이다. 그리고 "다양한 것"은, 즉 그 사물의 내용을 이루는 질료는 이 개념화가 이루어질 수 있는지 여부를 결정하는 요소이다. 다양한 것이 양과 질에 있어서 대상의 표상을 목적으로 설정된 개념으로 규정하는 데 충분하다고 판단되면, 주체는 "다양한 것에 대한 만족"을 느낄 것이다. 달리 표현하자면 이 만족은 '목적 있는 합목적성'에 대한 만족이며 '(이해관계적) 관심 있는 만족'인 것이다. 그리고 "모든 (이해관계적) 관심은", 칸트의 이론에 따르면, "취미판단을 타락시키고, 취미판단의 공평성을 앗는 것이다".[108] 따라서 대상(표상)의 내용으로서의 다양한 것은 취미판단에서는 '도외시'되어야 한다. 아름다움의 근거를 이루는 것은 오로지 '형식'인 것이다.[109] 위의 예문

---

[108] KU, 223. 괄호 안은 필자의 부연설명임.
[109] 이러한 맥락에서 칸트의 미학은 '형식이 모든 것이다, 내용은 아무 것도 아니다' 등의 극단적인 심미론적 예술론을 주장한 '예술

에서 미적 만족이 표상과 "직접적으로 결합된 만족"으로 정의된 것 역시 같은 맥락에서 이해할 수 있다. "직접적"은 이 만족이 모든 것을 '수단과 목적'의 관계에서 보는 유용론적 합리성의 매개를 거치지 않았음을, 그래서 '간접적'이 아니라 '직접적'인 만족임을 나타내고 있다.

그러나 다양한 것의 '도외시'는 이것의 지양(止揚)이나 이것에 대한 무지(無知)를 의미하는 것은 아니다. '무엇이 아름답다'는 취미판단은 동시에 미적 반성이며, 이는 또한 미적 체험으로서 이해할 수 있음은 앞에서 이미 논의한 바 있다. 그리고 이 미적 체험이 대상 표상의 내용을 이루는 다양한 것을 취사선택함이 없이 모두 똑같이 배려하는, 그래서 대상의 개별적 고유성을 철저하게 인정하고 존중하는 '본래적 인식'임도 설명했다. 그리고 이 개별적 고유성은 각각의 대상의 내용을 구성하는 다양한 것에 의해 결정된다. 따라서 다양한 것에 대한 무지나 이를 부정하는 것은

을 위한 예술(l'art pour l'art)' 운동의 이론적 토대 중 하나로서 간주되기도 한다. Perpeet, p. 15 참조.

미적 반성을 불가능하게 한다. 다시 말하면 미적 반성에서 대상의 '목적 없음'은 이 대상의 내용인 다양한 것이 하나의 특정한 목적(즉 개념)으로 제한되어 선별되고 통합되지 않음을 의미하는 것이지, 목적 자체의 가능성이 부정되는 것은 아니다. '본래적'으로 '인식'된 대상의 모습은, 관점에 따라서 무한히 다양한 개념으로 나타날 수 있으며, 따라서 무한히 다양한 목적으로 설정될 수 있는 것이다. 본래적 인식이 "모든 인식의 근거가 될 수 있는" 인식으로 해석될 수 있음은 이러한 연유에서이다.[110] 그런데 칸트는 대상이 '아름답다'고 판단되기 위해서는 대상에서 목적 없는 합목적성의 형식이 지각되어야 하며, 그러려면 내용인 목적과 이것을 구성하는 다양한 것이 '도외시'되어야 한다고 말한다. 이것은 모순이 아닐까?

칸트 자신도 이 문제를 의식한 것으로 보인다. 그는 세 번째 계기에서 유추한 결론, 즉 "**아름다움**은, 어느 대상의 합목적성이 **어떤 목적의 표상 없이** 그 대상에서 지각되는

---

[110] Paetzold, p. 95 참조.

한에서, 그 **합목적성의 형식**이다."(KU, 236)라는 결론에 스스로 이의를 제기하는 듯한 각주를 달고 있다. 그는 옛 무덤에서 발굴된 석기(石器)들을 예로 들면서 "이것들이 그 형태에서 그 목적을 알 수 없는 어떤 합목적성을 분명히 나타내고는 있으나, 그것 때문에 아름답다고 공언될 수는 없다"(KU, 236)라고 단정한다. 칸트가 이 실례를 통해 말하고자 하는 요지는 '목적의 도외시' 그리고 그 연장선상에서의 '다양한 것의 도외시'가 목적에 대한 무지(無知)를 의미하는 것은 아니라는 것이다. 목적의 도외시에 대한 요구는 대상을 도구적 이성을 바탕으로 하는 유용론적 시각으로 보지 말라는, 즉 이해관계적 관심을 가지고 보지 말라는 요구이며, 대상의 현존을 있는 그대로 존중하라는 요구인 것이다. 사람들이 이렇게 인식론적, 목적론적 시각에서 벗어나 미적인 자세를 갖추고 대상을 볼 때 비로소 대상의 아름다움은 구현되는 것이다.

지금까지의 논의에서 분명해진 것은 미적 판단의 근거로서의 합목적성이 주체와 대상 사이에서 상호적이라는 사실이다. 주체의 인식능력 간의 자유로운 유희와 이 유희에서 생성된 쾌감은 본래적 인식에 대해 합목적적이다. 즉 대상에 대한 미적 반성과 미적 판단에 대해 합목적적인 것이다. 그러나 대상의 표상 역시 주체의 인식능력의 자유로운 유희에 대해 합목적적이다. 내용이 도외시되어 순전히 형식으로 나타나는 표상이 주체의 심성 안에서 "개념의 **능력**에도 그리고 개념의 현시(顯示) **능력**에도 적합하다면"(KU, 279), 이는 곧 이 표상이 주체의 인식능력의 자유로운 유희에 대해 합목적적임을 보여주는 것이다. 12절에서의 칸트의 설명은 주체와 대상 간의 이 같은 합목적성의 상호적 관계를 분명하게 나타내고 있다.

> 그것을 통해 대상이 주어지는 하나의 표상에 있어서, 주체의 인식능력의 유희 안의 순전히 형식적인 합목적성에 대한 의식은 쾌감 그 자체이다. 왜냐하면 이 의식이 주체의 인식능력의 활성화라는 관점에서 보면 주체의 활동성의 규정근거를 내포하고 있으며, 그러므로, 하나의 특정한 인식에 제한됨이 없이, 본래적 인식에 대한 (합목적적인) 내적 원인성을, 그리고 이에 따라 미적 판단에서 표상의 주관적 합목적성의 순수한 형식을 내포하고 있기 때문이다. (KU, 222)

위의 인용문을 좀 더 자세히 설명해보기로 한다. "주체의 인식능력의 유희 안의 순전히 형식적인 합목적성"은 인식능력인 지성과 상상력 간의 유희 내에서의 상호적 합목적성을 의미한다. 지성과 상상력은 이들 간에 조화와 균형이 이루어지면, 서로의 간섭이나 제한에서 벗어나 '자유로운' 유희의 상태에 들어선다. 그리고 이 과정에서, 자신의 기능을 제한 없이 활성화함으로써, 동시에 상대방의 활동도 활기차게 해준다. 위의 예문을 빌려 말하자면 "주체의 활동성의 규정근거를 함유하고" 있는 것이다. 그러나 이 상호 활성화는 '목적'으로 의도되지 않았으며, 단지 결과로서 생성된 것이다. 말하자면 두 인식능력 사이에 특정한 목적이라는 내용이 결여된, 그래서 순수하게 형식적인 합목적적 관계가 들어서는 것이다. 그리고 인식능력의 자유로운 유희는 미적 반성, 즉 미적 체험을 통해 개념적으로 제한되거나 왜곡되지 않은 대상의 고유한 본 모습에 대한 본래적 인식에 달할 수 있다. 그러나 이 본래적 인식 역시 목적으로 의도되지 않은 결과일 따름이다. 말하자면 인식능력의 자유로운 유희는 본래적 인식에 대해 오로지 형식적인 합목적성을 가진 것이다. 바로 이 합목적성에 대응하는 성격의 것이 "표상의 주관적 합목적성의 순수한 형식"이다. 대상의 표상은 주체 내부의 자유로운 유희를 발동시키는 우연한 계기의 역할을 할 따름이며, 이 유희를 구체적인 객관적 목적으로 설정하지 않았다. 이 유희는 목적되지 않은 결과인 것이다. 따라서 표상이 가진 합목적성은 내용 없는 형식이며, 객관적이 아니라 주관적인 것이다. 어떤 대상을 아름답다고 판단하는 미적 판단에서는 이처럼 주체 내부에서 그리고 주체와 대상 간에 3중의 형식적인 합목적적 관계가 성립된다.[111] 그리고 형식적 합목적성의 관점에서 보면 주체와 대상은 서로 상응한다.

(4) 자연의 초월적 실체와 인간의 초월적 실체

지금까지의 논의에서 분명하게 확인된 바와 같이, 칸트의 미학에서 목적 없는 합목적성은 아름다움을 규정하는

---

[111] Wenzel, p. 106 참조.

가장 중요한 근거 중 하나이다.[112] 어떤 대상이 아름답다고 판단되기 위해서는 이 대상의 표상에서 목적 없는 합목적성이 감지되어야 하는 것이다. 그리고 '목적 없음'의 상태가 되려면 이 표상은 개념화되지 않아야 한다. 즉 인식판단의 대상이 되어서는 안 된다. 그럴 것이 목적은, 주관적 목적이든 객관적 목적이든 개념적으로 명시되어야 구체적 실체성을 얻기 때문이다. 또는 역으로 대상이 개념적으로 명확하게 인식되었을 때 비로소 이 대상에 대한 뚜렷한 목적이 설정될 수 있기 때문이기도 하다. 칸트가 목적을 "개념의 대상"으로, 그리고 개념을 목적의 "가능성의 사실적인 근거" 등으로 규정한 것은 이러한 맥락에서이다.[113]

대상의 표상이 개념화되지 않으려면 무엇보다도 이 표상을 구성하는 다양한 요소, 즉 다양한 것이 어떤 특정한 동기나 관점에 따라 취사선택되지 않고 그 전체로서 존중

---

[112] 마르크-보가우는 '목적 없는 합목적성'에 대한 칸트의 해석을 "칸트의 아름다움에 대한 이론의 축약적 특성"으로 규정한다. Marc-Wogau, p. 100 참조.

[113] KU, 220 참조.

되어야 한다. 즉 하나의 특정 개념에 합목적적이지 않아야 한다. 그러나 이 표상(또는 직관)은 다양한 자료의 무질서하고 혼란스러운 집합체가 아니라 어떤 통일된 전체를 이루어야 하며, 다양한 것에 포함된 모든 요소는 이 어떤 하나를 이룬 것에 대해 합목적적이어야 한다. 이 통일적 전체가 전제되지 않으면 직관 또는 표상은 합목적적일 수 없다. 아무런 지향점도 구심점도 가지지 못한 이런저런 자료들의 무질서한 집합체일 따름이다.

이러한 '개념화가 불가능하나 통일성을 지닌 전체로서의 그 어떤 것', 이 어떤 것이 가진 비개념적 통일성과 전체성은 어떻게 설명될 수 있고 그 근원은 어디에서 찾을 수 있을까? 어떻게 해서 자연의 사물들은 비록 그들의 전체를 이루는 자료와 성분은 모두 다르고 전체로서의 형태, 구조 그리고 본성은 천차만별이지만 통일적 전체를 이룬 형식에 있어서는 모두 동일할 수 있을까, "마치 어떤 지성이 다양한 것을 아우르는 통일성의 근거를 자연의 경험적인 법칙 안에 포함하고 있는 것처럼"?(KU, 181)

물론 이 "어떤 지성"은 인간의 지성은 아니다. "자연으로서의 자연에 대한 보편적인 개념"(KU, 180),[114] "하나의 체제로서의 전체적 자연의 이념"(KU, 379)을 상정하는 "우리의 것이 아닌" 지성이며, "우리에게는 알려지지 않은, (자연의) 다양한 것을 아우르는 통일성의 원칙"인 지성이다.[115] "사물의 다양성인 물질이 그 자체로는 합성의 어떤 규정된 통일성도 제시하지 못하는 반면에, 이 지성은 표상의 절대적 통일성"(KU, 377)을 나타내는 이성의 이념을 상정한다. 이 지성이 "신적(神的)"으로 이해되는 것은 이러한 맥락에서다.[116]

이러한 자연의 모든 산물의 기저를 이루는 지성의 이념, 또는 "이성의 원칙"(KU, 379)이 전제될 수 있다면, 자연의 산물들은 "자연의 목적(Naturzweck)"으로 간주될 수 있을 것이다. 그도 그럴 것이 이 산물들은 이러한 이성의 원칙을 "궁

---

[114] 무수하게 이질적인 요소와 현상으로 구성된 자연을 '자연'이라는 하나의 개념으로, 즉 통일성을 지닌 하나의 전체로서 규정한다는 의미.
[115] KU, 180. 괄호 안은 필자의 추가 설명임.
[116] Historisches Wörterbuch, Bd. 1, Sp. 565 참조.

극적 원인(Endursache)"[117]으로 하는 것들로서 자연의 보편적 이념을 실현하는 목적을 지니고 있기 때문이다. 칸트에 따르면 이 "궁극적 원인"은 자연 산물의 내용이 아닌 형식에서, 모든 내용이 합성되어 통일적 전체를 이루며, 부분과 부분, 그리고 전체와 부분이 유기적으로 구성되는 형식에서 구현된다. 유기적 구성이라 함은 부분과 부분, 부분과 전체가 서로 원인과 결과로서 연결되어 있음을 의미한다.

> 자연의 이러한 산물들에서는 각 부분이, 그 부분이 오로지 나머지 다른 모든 부분에 **의해서** 존재하는 것과 마찬가지로, **다른 부분을 위해서** 그리고 **전체를 위해서** 존재하는 것으로, 다시 말해 도구(조직)로 간주된다. (…) 다른 부분을 **산출해내는** 조직으로서 간주되는 것이다.(KU, 373~374)

이러한 관점으로 보면 각각의 부분은 모두 다른 부분을 상호적으로 산출해내는 조직이다. 요컨대 **"조직화되는** 그

---

[117] KU, 373, 380 등등.

리고 **자기 자신을 조직화하는** 존재"(KU, 374)로서의 자연산물이 자연의 목적으로 불릴 수 있는 것이다.

이러한 자연 산물의 유기체적 구성 형식이 전제된다면 "자연이 왜 그토록 낭비하듯이 아름다움을 온갖 곳에, 심지어는 인간의 눈이 아주 드물게만 미치는 (…) 대양의 바닥에까지도 퍼뜨려놓았는가"?(KU, 279) 등의 의문은 어렵지 않게 설명될 수 있을 것이다. 하나의 표상의 유기체적 형식, 즉 부분과 부분 그리고 부분과 전체 사이의 유기적 구성은 이들이 서로 합목적적인 관계에 있음을 나타내기 때문이다. 즉 자연 산물은 기본적으로 아름다움의 근거로서의 형식의 합목적성을 담지하고 있는 것이다. 그리고 이러한 관점에서 보면 아름다움을 판정하는 근거로서의 목적 없는 합목적성은 주체가 아니라 대상에서, "객체와 객체의 형태에서"(KU, 279) 찾아야 한다는 이론은 타당한 것으로 간주될 수 있다. 또한 "자연의 아름다움, 즉 자연현상을 포착하고 판정하는 데 있어서 자연과 우리 인식능력의 자유로운 유희와의 합치"(KU, 380)를 사람들은 "자연이 우리에게 베풀어준 호의(好意, Gunst)"(KU, 380)로 보아야 할 것이다. 그렇다면 『판단력 비판』의 서두에서 강조한 명제, 즉 대상의 아름다움 여부를 가리는 미적 판단으로서의 취미판단이 "주관적"이며, '아름답다'라는 판단은 대상의 본성과는 관련 없는 주체의 내적 심성적 상태의 표현이라는 명제는 취소되어야 할 것이다. 이렇게 되면 칸트의 미학 이론은 심각한 자체 모순에 직면하게 된다.

"자연으로서의 자연에 대한 보편적 개념"(KU, 180), "하나의 체제로서의 전체적 자연의 이념"(KU, 379), 전체 자연을 관통하는 "이성의 원칙"(KU, 379), "자연의 목적" 또는 모든 자연 산물의 "궁극적 원인" 등의 용어는 물리적, 경험적 자연에서는 확인되거나 증명될 수 없는 추상적, 형이상학적 개념이다. 자연의 물리적 법칙, 즉 "맹목적으로 작용하는 원인의 메커니즘을 넘어서는"(KU, 379) 초월적인 성격의 것들이다. 자연의 이러한 초월적인 것은 따라서 인간의 지성에 의해 개념적으로 파악되거나 인식될 수가 없다. 왜냐하면 지성의 개념은 항시 이 개념과 상응하는 물질적 현상을 동반해야 하나, 자연의 초월적인 것은 물질적 차원을 넘어선 것이기 때문이다. 따라서 위에서 언급된 이념으로서의 초월적 개념은 지성이 아니라 "이성의 개념(Vernunft-begriff)"이며,[118] 오로지 가정(假定)되거나 아니면 그러한 것으로 '사유'될 수밖에 없는 것이다.[119] 물론 이러한 가정이나 사유는 "물질적·감각적 존재(Sinnenwesen)"(KU, 435)로서의 자연이 아니라 오로지 인간에 의해서만 가능하다. 인간은 이 세계에서 유일하게 이성적인 존재이기 때문이다. 이러한 관점으로 보면 자연의 초월적인 것은 - 그리고 자연의 아름다움은 궁극적으로는 바로 이 초월적인 것에 기저하고 있거니와 - 자연이 아니라 인간의 이성에 근거를 두고 있는 것이다.

자연의 아름다움에 대한 칸트의 이러한 논리는 그의 숭고함(das Erhabene)에 대한 설명과 그 맥을 같이 한다. 그는 "숭고한 자연"이라는 표현이 일종의 "혼동(Subreption)", 즉

---

[118] 칸트에 의하면 "이념은 원래 이성의 개념(Vernunftbegriff)을 의미하며, 이상은 이념으로서 적합한 존재의 표상을 의미한다". KU, 233 참조.

[119] 예를 들면 칸트는 84절에서 자연의 사물이 갖는 다양한 "형식의 가능성의 원인으로서" 간주되는 하나의 "사유된(gedacht)" "지성"에 대해 언급하고 있다. KU, 434) 참조.

"우리의 주체 안에 있는 인간성의 이념에 대한 경외심"이 "자연의 대상에 대한 경외심"으로 뒤바뀐 잘못된 결과라고 강조한다. 거대하고 위압적인 자연현상은 오히려 "숭고한 것"이 아니라 "끔찍한 것"으로 규정된다(이상 KU, 257). 이런 끔찍한 자연현상은 비록 육체적 존재로서의 인간을 압도하고 그에게 두려움과 공포심을 불러일으키나, 정신적 이성적 존재로서의 인간은 이런 두려움에 굴복하지 않는 자신의 이성적 본성을 자각하며 쾌감을 느낀다. 이 쾌감이 바로 숭고함의 감정이다. 그러니 "자연의 숭고함"이라는 말 자체가 "본래적이지 못한"(KU, 280) 것이다. 진정한 숭고함은 어떠한 자연적, 물질적 현상에도 들어 있지 않으며, 오로지 이성의 이념과 관련되어 있는 것이다.

자연의 대상이 아니라 주체 내부에서 그 근원을 찾아야 한다는 점에서는 자연의 숭고함과 자연의 아름다움은 그 맥을 같이 한다. 다만 숭고함의 감정은 주체 내부에 대상의 판단과 결부된 "심성의 격동"을 동반하는 반면에 아름다움에 대한 만족은 주체의 심성을 "고요한 정관(靜觀)"(이상 KU, 247)의 상태에 몰입하게 하는 점에서 다를 뿐이다.

자연의 아름다움을 애호하는 사람들은 물론 "자연이 그러한 아름다움을 만들어냈다"고 생각하며, 이러한 생각은 자연의 대상에 대한 그들의 "직관"과 그리고 이 "직관"에 대한 그들의 "반성"에 모두 수반된다. 또한 이 애호가들은 그들의 이러한 생각이 "객관적 실재성"을 갖기를 바란다. "즉 자연의 산물과 우리의 모든 이해관계에서 자유로운 만족 간의 법칙적 합치를 (…) 상정할 만한 그 어떤 근거를 자연 스스로 가지고 있다는 사실에 대해, 최소한 그 흔적이 하나라도 보이거나, 아니면 눈짓을 주기를" 바라는 것이다(이상 KU, 300). 그래서 이들의 성찰적 이성은 "자연에서 이와 비슷한 합치의 모든 표현에 관심을 가질 수밖에 없는 것이다". 말하자면 자연의 아름다움에 대한 이들의 '성찰'은 이 아름다움에 대한 "관심"(이상 KU, 300)으로 이어지는 것이다. 그런데 칸트는 이 관심이 "친족관계에 따르면 도덕적"(KU, 301)이라고 규정한다. "자연이 그의 아름다운 형식 안에서 우리에게 형상적으로 말해주는 암호문의 올바른 해석"(KU, 301)은 칸트에 따르면 "도덕적 감정과의 친족성에 기초한 미적 판단의 해석"(KU, 301)이다. 우리가 자연의 아름다운 산물에서 경탄해마지 않는 "목적 없는 합목적성"은 궁극적으로는 우리 인간의 "도덕적 규정"에 근거하고 있다는 것이다. 이 근거를 우리는 "외부에서는 어디에서도 만날 수 없다". 오로지 "우리 자신 안에서, 그것도 우리 현존의 궁극적 목적을 이루는 것에서, 즉 우리의 도덕적인 규정[120]에서" 찾아야 하는 것이다(이상 KU, 301).

따라서 "자연의 산물과 우리의 모든 이해관계에서 자유로운 만족 간의 법칙적 합치"는 자연의 "객관적 합목적성"일 수 없다. 이 합목적성은 "상상력의 자유로운 유희에 의거하는 주관적 합목적성"인 것이다. 그러기에 이 주관적 합목적성에서는 "객체와 관련하여 아무것도 인식될 수도 증명될 수도 없는 것이다". 만약 이 합목적성이 자연에 '객관적으로' 실재한다면, 대상에 대한 미적 판단의 기준은 판단 주체인 인간이 아니라 자연에서 찾아야 할 것이다. 칸트의 말대로 "우리가 무엇을 아름답다고 보아야 할지를 우리는 자연에서 배워야 할 것이며", "취미판단은 경험적

---

[120] 도덕적인 존재로서의 인간의 규정.

원칙에 종속될 것이다". 그러나 취미판단에서 중요한 것은 "자연은 무엇인가"라는 인식론적 물음도, 또는 "자연이 우리에게 목적으로서 무엇인가"라는 유용론적 물음도 아니다. 이 판단에서 진정 중요한 것은 "우리가 자연을 어떻게 받아들이는가" 하는 것이다. 이러한 관점으로 보면 자연의 아름다움은, 또는 자연이 아름답다는 우리의 판단은, 우리가 자연을 받아들임에 있어서 자연에 보내주는 "호의(Gunst)"이지 "자연이 우리에게 보여주는 호의는 아니다"(이상 KU, 350). 요컨대 "판단력에 대한 자연의 주관적 합목적성"은 자연 안에 실재하는 것이 아니다. 자연현상의 초월적 실체는 "인간성의 초월적 실체(Substrat)"에 근거하는 것이다(KU, 340). 칸트의 목적 없는 합목적성에 대한 이론이 "자연과 정신을 하나의 원칙에 종속시키려는" 이상주의적 시도로서 이해되는 것은 바로 이러한 맥락에서이다.[121]

---

[121] Schulz, p. 259.

(5) 아름다움과 도덕성의 상징

칸트가 자연의 목적 없는 합목적성의 최종 근원을 인간의 도덕적 규정에서 찾음으로써 자연의 아름다움은 인간의 도덕적 존재의 영역 안으로 들어서게 된다.『판단력 비판』의 도입부에서 엄격히 구분되었던 미와 도덕이 다시금, 그러나 다른 형태로 연결된 것이다. 그리고 이 연결은 칸트가 59절에서 아름다움을 "도덕성의 상징(Symbol der Sittlichkeit)"으로 규정하는 데서 정점에 이른다. 그렇다면 자연의 아름다움에 대한 판단은 어떠한 관점에서 도덕적인가 하는 물음이 우선적으로 제기되어야 할 것이다. 미적 판단은 어떠한 점에서 도덕적이며, 도덕적 판단과는 어떻게 구분될 수 있는가? 이 물음에 답하기 위해 우선 칸트의 취미판단에서 주체가 '아름답다'고 판단한 대상(자연의 산물)이 어떠한 양태로 나타나는지 다시 한 번 살펴보기로 한다.

대상에 대한 '관심 없는 만족'이 대상의 아름다움을 판단하는 근거로 규정된 경우, 주체가 대상(정확하게는 대상의 표상 혹은 직관)에 대한 '본래적 인식'에 이른다는 것은 앞에서 여러 번 논의했다. 이 인식은, 대상의 특정 부분만 포함하는 개념을 통한 인식과는 달리, 대상을 이루는 모든 요소, 오로지 이 대상에만 유일한, 따라서 어떤 다른 대상과도 공유하지 않는 모든 물질적 자료(즉 '다양한 것')가 전체적으로 배려되는, 그래서 대상의 개별적 고유성이 극한적으로 인정되는 그러한 인식이다. 역으로 표현하자면 대상은 추상화되거나 일반화됨이 없이 그것의 고유한 '본래적' 모습으로 인식될 때, '아름다운 것'으로 판단되는 것이다.

대상의 '목적 없는 합목적성'이 미적 판단의 근거로 규정된 경우에는 대상을 '아름다운' 것으로 만드는 것은, 앞에서 설명한 바와 같이 그것의 주관적이며 형식적인 합목적성이다. '목적 없는 합목적성'은 합목적성의 '내용'인 목적이 배제되어 있기에 '형식'으로만 남아있는 합목적성이다. 그리고 목적 없음은 주체가 이 대상에 개념적으로 명시될 수 있는 어떠한 구체적 목적도 설정하지 않았음을 의미한다. 이는 대상의 표상을 이루는 다양한 것이 합일하려는 지향점, 즉 합목적성의 지향점이 하나의 특정한 개념이 아니라 불특정한 "그 어떤 하나를 이룬 것"임을 의미한다. 요컨대 주체에 의해 "그것은 무엇이어야 한다"식의 어떤 특정한 목적으로 설정되지 않은, 그래서 이 목적과 상응하는 특정 개념에 포섭되지 않는 대상, 그러나 그것의 내용을 이루는 다양한 것이 하나의 통일적인 전체(즉 "그 어떤 하나를 이룬 것")를 지향하는 합일을 이룬 것으로 판단되는 대상이 아름다운 것으로 나타나는 것이다. 물론 이 합목적성은, 앞에서 강조한 바와 같이, 자연 안에 실재하는 '객관적' 합목적성은 아니다. 주체에 의해 그렇게 판단되는 '주관적' 합목적성이다. 자연의 대상에 대한 만족에서 '아름답다'라고 상정되는 합목적성은 어디까지나 "보는 사람의 심성 안에서의 표상의 주관적 합목적성"(KU, 227)인 것이다.

요컨대 비이성적인 자연의 산물은 자신의 존재 목적을 스스로 결정할 수 없다. 자연의 산물이 그 자체의 목적으로서 존중되는 것은 오로지 판단 주체인 인간이 유용론적 시각에서 벗어났기에, 즉 이해관계적 관심에서 자유로운 상태에 있기 때문이다. 자연의 목적 없는 합목적성, 즉 아름다움은 이처럼 인간이 자연에 보여주는 "호의"인 것이다.

그리고 이 관점으로 보면 가장 순수한 아름다움에 이를 수 있는 존재는 인간이다. 그것은 인간이 "자신 안에 목적을 가질 수 있는", 즉 그 자체로서 목적일 수 있는 존재이기 때문이다. 외부의 어떤 존재에 의해 어떤 특정한 목적으로 설정되어서, 이 목적에 의해서 존재의 의미가 결정되며, 자신 안의 모든 역량과 요소가 이 특정 목적에 대해 '합목적적'이어야 하는 그런 존재가 아닌 것이다. 칸트가 "이성을 통해 자신의 목적을 스스로 결정할 수 있는" 인간을 "아름다움의 이상"으로 규정하는 것은 이러한 맥락에서이다(이상 KU, 233).

대상 표상의 본래적 모습, 그리고 대상 표상의 형식적 합목적성, 칸트적 의미에서의 취미판단의 근거를 이루는 이 두 개의 규정의 공통점은 첫째로 이들을 근거로 해서 아름다운 것으로 판단된 대상의 표상은 개념화될 수 없다는 사실이다. 즉 대상에 대한 어떠한 개념적 인식도 이루어지지 않는 것이다. 둘째로는 이 대상의 표상이 개념화되지 않았음에도 불구하고 하나의 질서 있는 통일적 전체를 형성하고 있다는 사실이다. 칸트가 이 같은 비개념적 통일성을 "개념 없는 도식화"라는 용어로 설명하고 있음은 앞에서 자세히 논의한 바 있다.[122] 칸트는 개념화가 불가능한 이러한 미적 대상의 표상을 "미적 이념"으로 규정한다.

> 미적 이념이라는 말에서 나는 많은 생각을 하게 하지만 그 어떤 특정한 생각, 즉 어떤 특정한 개념도 적합할 수 없는, 그래서 어떠한 언어로도 완전히는 다다를 수 없고 설명할 수 없는, 그러한 상상력의 표상을 이해한다. (KU, 314)

말하자면 미적 이념은 "지성이 자신의 개념을 통해서는 결코 다다를 수 없는" "상상력의 전체적 내적 직관"으로 규정된 것이다(KU, 343).

미적 대상의 표상을 "이념(Idee)"으로 규정할 수 있는 근거로 칸트는 두 가지 이유를 제시한다. 첫째로는 이 표상이 "경험의 한계 너머에 있는 그 어떤 것에 다다르려고 최소한 노력은 하고 있으며", 둘째로는 "내적 직관으로서의 이

---

[122] 이 책 61~64쪽을 참조할 것.

표상에는 어떤 개념도 완전히는 적합하지 못하기 때문이다".(이상 KU, 314) 이처럼 경험을 넘어서는, 그래서 지성개념으로는 결코 포착할 수 없는 그 어떤 초월적인 것을 지향하기에, 즉 "이성개념의 현시"(KU, 314)에 근접하기에, 미적 이념은 "많은 생각을 하게" 하는 계기가 된다. 그리고 이 "많은 생각"에서 미적 대상에 대한 새로운 "관심"이 생성되는 것이다. 또는 "많은 생각"은 대상에 대한 관심을 이미 전제하는 것이다.[123] 이 새로운 관심은 이익추구적인, 또는 유용론적인 관점에서 생성된 이해관계적 관심은 아니다. 오히려 그러한 이해관계적 관심에서 자유로울 때 비로소 일깨워지는 관심이다. 칸트는 이 관심을 "자연의 아름다움에 대한 직접적인, 그러나 지적인 관심"으로 정의한다. 즉 사람들로 하여금 자연의 산물의 "형식"뿐 아니라 그것의 "현존 자체"에도 만족을 느끼게 하는 관심인 것이다(이상 KU, 299). 이 관심이 "직접적"인 것은 모든 것을 목적-수단의

---

[123] "따라서 (인간의) 심성은 자연의 아름다움에 관심을 가지지 않고서는 이것에 대해 숙고할 수 없다." KU, 300. 괄호 안은 필자의 부연설명임.

관점에서 보는 도구적 이성의 매개를 거치지 않았기 때문이며, "지적(intellektuell)"인 것은 자연의 대상의 "현존 자체"에 만족을 느끼기 때문이다. 칸트적 의미에서 "지적"은 자주 "이성적(vernünftig)"을 의미한다.[124] 따라서 지적 관심은 도덕적 성향을 가진 관심으로도 해석될 수 있다. 대상의 "현존 자체"에 대한 만족이 도덕적일 수 있는 것은 관심의 주체가 대상을 자신의 의지 관철의 장소로 생각하지 않으며, 대상의 특정 부분이 아닌 그 전체의 본래적 모습을 있는 그대로 보려 하기 때문이며, 그래서 인간이 만들어낸 인위적 개념의 틀에 자연의 산물을 억지로 꿰맞추지 않기 때문이다. 그러나 이 만족이 도덕적인 것은 무엇보다도 대상의 현존이 그 자체의 목적으로 인정되고 존중되기 때문이다. 대상의 존재는 외부에서 주어지는 목적에 따라 결정되는 타율적인 것이 아니라, 자신의 존재 목적과 의미를 자신 안에 가지고 있는 자율적 존재로 존중되는 것이다.

---

[124] 예를 들면 49절에서 Vernunftbegriffe는 intellektuelle(n) Ideen과 동일한 의미로 사용된다. KU, 315 참조.

그러기에 자연의 대상에 대한 직접적, 지적 관심에서 생성된 만족에는 "그 어떤 감각적 자극도 섞임이 없으며" "그 어떤 목적과도 연계됨이 없는" 것이다(이상 KU, 299). 칸트가 자연의 아름다움에 대한 직접적, 지적 관심을 "친족(親族) 관계로 보면 도덕적"이라고 규정한 것은 바로 이러한 맥락에서이다. "미적 판단을 이처럼 도덕성에 기초하여 해석하는 것", 이러한 해석은, 칸트에 따르면, 결코 "현학적"인 것이 아니다. 오히려 이러한 해석이야말로 "자연이 그의 아름다운 형식들 안에서 우리에게 형상적으로 말해주는 암호문의 참된 해석"인 것이다(이상 KU, 301). 그럴 것이 미적 판단의 근거를 우리는 오로지 "우리 자신 안에서, 그것도 우리 현존의 궁극적 목적을 이루는 것에서, 즉 우리의 도덕적인 규정[125]에서" 찾아야 하기 때문이다(KU, 301). 그래서 사람들은 미적 반성에서 이익추구적 존재가 아니라 인간으로서 판단하며, 이웃의 자연 사물들을 이익추구의 도구로서가 아니라 자체의 목적으로서 존중하게 된다. 인간을

---

[125] 도덕적인 존재로서의 인간의 규정.

수단이 아니라 자체의 목적으로 존중할 것을 요구한 정언적 명령(kategorischer Imperativ)[126]의 지향점이 인간에서 자연의 산물로 바뀌었을 뿐이다. 요컨대 도덕적 이성이 규정한 궁극적 목적이 미적 현상의 이념적 배경을 이루는 것이다. 이러한 맥락에서 본다면 "취미는", 칸트의 말대로, "근본적으로 도덕적 이념들의 현상화를 판정하는 능력"[127]으로 규정될 수 있을 것이며, "취미의 기초를 닦기 위한 올바른 예비교육은 도덕 이념을 계발하고 도덕적 감정을 배양하는"(KU, 356) 것이어야 할 것이다.

지금까지의 논의를 요약해보면, 어떤 자연의 대상을 아름답다고 판단하는 것은, 이 대상을 개념이나 범주 등으로 일반화하거나 추상화하지 않음을, 그래서 그 대상의 고유

---

[126] "네 몸 안의 인간뿐 아니라 동시에 다른 사람들의 몸 안에 있는 인간을 항시 목적으로서 존중하고, 결코 수단으로서 이용하지 않도록 행동해라." (Handle so, daß du die Menschheit, sowohl in deiner Person, als in der Person eines jeden andern, jederzeit zugleich als Zweck, niemals bloß als Mittel brauchst). In: Kants Werke, Akademische Textausgabe, Bd. IV, S. 429.

[127] KU, 356. "현상화"로 번역된 "Versinnlichung"은 정확하게 말하자면 '물질적·경험적·감각적 현상으로의 나타남'이다.

한 개별성을 체험하고 인정함을 의미한다. 또 이 대상을 자신의 목적을 위한 수단이나 도구로서 이용하려 하지 않고, 그 대상 자체의 존재의 의미와 목적을 존중함을 의미한다. 말하자면 자연의 대상을 아름다운 것으로 판단하고 체험하는 사람은 이 대상을 아끼고 존중하며 이들과 공존할 의지가 있는 것이다. "아름다운 사물들은 인간이 이 세계에 잘 어울림을 (…) 보여준다"[128], 자주 인용되는 칸트의 이 말은 바로 이러한 맥락에서 이해할 수 있다. 미적 체험을 통해 세계와 자연과 인간은 조화와 합일과 평화 속에서 서로 만날 수 있기 때문이다.

이처럼 미적 이념은 조화와 합일을 지향하며 동시에 이 합일의 표현이기도 하다. 이는 '미적 이념'이라는 용어 자체가 내포하는 본성이기도 하다. '미적'과 '이념'은 원래 서로 상극적인 것을 의미한다. 그런데 이 상극되는 것이 '미적 이념'으로 합일된 것이다. 좀 더 자세히 살펴보기로

---

[128] I. Kant: Reflexionen zur Logik, Nr. 1820a, Kants Werke, Bd. XVI, S. 127.

한다.

'자연의 아름다운 형상(形象, Figur)'은, 이것이 '형상'이기에, 물질적 감각적인 '현상'이다. 그러나 이 형상은, 단순히 현상의 차원에만 머물지 않고 '도덕성'이라는 이념을 나타내는 "암호문"이다. 바로 이 도덕성의 이념이 경험의 '한계 안'에 있는 미적 형상이 "다다르려고 (…) 노력하는" "경험의 '한계 너머'에 있는 그 어떤 것"이다(이상 KU, 314). 이처럼 미적 현상이 "이념의 탈감성화"를 지향하기에,[129] 칸트가 의미하는 아름다움에는 현상과 이념, 자연과 이성, 감성과 초월성이 하나의 합일을 이룬다. "미적 이념"은 바로 이 합일을 나타낸다. '미적'은 감성적이고 현상적이며 '이념'은 이성적이고 초월적이기 때문이다.

"이성개념"으로서의 이념은 "객관적 실재"를 가질 수 없다. "오로지 이성만이 사유할 수 있는 개념"으로서의 이념에는 "어떠한 직관도 적합할 수 없기" 때문이다"(이상 KU, 351). 미적 현상은 따라서 도덕적 이념의 직접적인 나타남

---

[129] Schulz, p. 258.

이 아니라 "간접적인 현시"(KU, 352)이다. 칸트에 따르면 "자연의 아름다운 형식 안에서 (…) 형상적"으로 나타나는 "암호문"(KU, 301)인 것이다. 칸트는 이 암호문 같은 나타남을 "상징(Symbol)"으로, 그리고 이에 따라 "아름다움"을 "도덕성의 상징"으로 정의한다.[130] 말하자면 자연의 아름다움은 인간의 도덕적 존재의 영역 안으로 들어서게 되는 것이다. "도식(Schema)" 안에서 지성의 개념에 상응하는 직관이 주어지듯이 "도덕적-선의 상징"으로서 아름다움에는 감각적 직관이 주어지는 것이다.[131] 이러한 상징으로서의 '암호문'이 올바르게 해독될 때 미적 이념은 올바르게 이해된다.

미적 이념이 이처럼 현상과 이념의 합일을 의미하기에 이 이념은 칸트가 「두 번째 서문」에서 탄식한 "마치 아주 다른 세계인 듯이" 서로 고립된 "감각적인 것으로서의 자연 개념의 영역과 초감각적인 것으로서의 자유 개념의 영역 사이에 견고하게 고착된 가늠할 수 없는 간극"(이상 KU,

---

[130] 59절의 표제는 "도덕성의 상징으로서의 아름다움에 대해서"이다.
[131] Historisches Wörterbuch. Bd. 1, Sp. 566.

175/6)의 극복이며 또한 "자연 개념"과 "자유 개념"(이상 KU, 174) 사이를 매개하는 개념이기도 하다. 이는 칸트가 이론적 이성(즉 지성)에 의한 인식의 가능성과 한계를 다룬 그의 『순수이성비판』과 윤리학과 도덕철학을 다룬 『실천이성비판』을 세 번째 비판서인 『판단력 비판』에서 연결하고 있음을 의미한다. "칸트의 미학에 새로운 의미에서 철학적 미학의 체계를 만들어준 것은 이론 철학 및 실천 철학 원칙과의 연관성의 발견이다"[132]라는 쿨렌캄프의 견해는 바로 이러한 맥락에서 이해되어야 할 것이다. '미'에서 '진'과 '선'이 다시금 하나의 합일을 이루는 것이다.

지금까지의 논의는 또한 왜 칸트의 아름다움에 대한 판단 대상이 1차적으로는 자연의 사물에 국한되어 있는지 보여준다. 자연의 사물이 아닌 인조물은, 설혹 그것이 임금을 목적으로 하는 노동의 산물인 "수공(Handwerke)"(KU, 304)이 아니라 "단지 유희로" 보이는 "자유로운 기예(freie Kunst)"(KU, 305)의 산물이라 할지라도, 기본적으로 만든 사람의 합

---

[132] Kulenkampff, Vorwort, p. 14.

목적적 사유를 바탕으로 만들어진다. 만드는 사람은 처음부터 자신이 만드는 것이 '무엇이어야 한다'라는 분명한 목적의식을 가지고 작업을 수행하는 것이다. 인조물이 이처럼 뚜렷한 목적과 결부되어 있기에, 인조물에는 칸트 미학에서 가장 중요한 미적 판단의 근거인 '주관적'이자 "목적 없는 합목적성"은 확인될 수 없다. 자연 사물의 "다양한 것"에 해당되는 인조물의 모든 구성요소는 예외 없이 이 인조물에 설정된 목적에 합목적적이다. 즉 인조물의 합목적성은 '목적 있는' 합목적성이자 '객관적'인 것이다. 인조물은 또한 '그것이 무엇이어야 한다'라는 목적에 상응하는 분명한 개념을 가지고 있다. 반면에 '목적 없는 합목적성'이 확인되는 자연 사물에서는 모든 다양한 것은 개념화될 수 없는 '하나를 이룬 그 어떤 것'에 합목적적이다. 요컨대 인조물은 대상을 특정한 개념에 포섭하는 인식판단의 판단 대상은 될 수 있으나, 대상의 아름다움을 판정하는 취미판단의 대상은 될 수 없는 것이다.

우리가 아름다운 것 그 자체에 직접적인 관심을 가지

려면 그것은 자연이거나 아니면 우리가 자연으로 간주하는 것이어야만 한다.[133]

---

[133] KU, 302. 칸트가 "아름다운 기예(schöne Kunst)"라고 부른 예술은 이러한 규정에 해당되지 않는다. 그러나 이 연구서는 칸트의 예술론에 대한 해석을 포함하지 않고 있다. 이 주제에 대해서는 "박민수: 칸트의 예술론. 『판단력 비판』 43~54절의 해석. 실린 곳: 카프카 연구 23집(2010)"을 참조할 것.

IV
취미판단의 보편성과 당위적 필연성

1. "주관적" 보편성:
동일한 대상에 대한 모든 주체의 동일한 판단

대상이 아름다운지 아름답지 않은지 가리는 칸트의 취미판단에 있어서 가장 중요한 사항 중 하나는 이 판단이 하나의 대상에 국한된 철저하게 단칭(單稱)판단이라는 사실이다.[134] 가령 '이 장미는 아름답다'라는 판단에서 '이 정원의 장미는 아름답다'라는 특칭(特稱)판단이나 '모든 장미

---

[134] KU, 215: "논리적 양(量, Quantität)의 관점에서는 모든 취미판단은 단칭판단이다."

는 아름답다'와 같은 전칭(全稱)판단으로의 논리적 확대는 불가능하다. 그 이유는 물론 취미판단이 판단 대상에 대한 개념적 규정이 아니기 때문이다. 앞에서 자세히 논의한 바와 같이 취미판단은 개념을 매개로 하는 논리적인 인식판단과는 달리, 주체의 쾌감과 불쾌감을 근거로 하는 감성적, 주관적 판단이다. 양적(量的) 관점에서 취미판단의 대상이 이처럼 단수(單數)라는 제한을 받는 반면에, 칸트는 판단의 주체에 대해서는 이 제한을 두지 않았다. 오히려 그는 판단 주체에 양적 '보편성(Allgemeinheit)'을 부여함으로써 주체를 무한대로 확장한다. 어느 한 사람이 어떤 대상을 아름답다고 판단하면, 모든 사람이, 이 대상에 관한 한, 똑같이 판단해야 한다는 것이다.[135]

> 사람들이 대상을 단지 개념에 따라 판단한다면, 아름다움의 모든 표상은 상실될 것이다. 그러니 그 누구에게 무엇을 아름답다고 인정할 것을 강요하는 그런 규

---

[135] Marc-Wogau, p. 91: "칸트의 주요 관심은 미적 판단이 제기하는 보편타당성의 요구와 필연성의 요구에 집중되어 있다."

칙 또한 없다. 어떤 옷이, 어떤 집이, 어떤 꽃이 아름다운가를 가리는 자신의 판단에 대해 사람들은 그 어떤 근거나 원칙을 통해 사실이라고 떠벌리지 않는다. (…) 그럼에도 불구하고 사람들은, 그 대상을 아름답다고 부른다면, 보편적인 동의를 얻은 것으로 믿으며, 모든 사람의 찬동을 요구한다. (KU, 215/6)

칸트는 이 보편성이 개념에 의해서 매개되지 않음을 무엇보다도 강조한다. 즉 논리적으로 증명될 수 없는 보편성이라는 것이다. 그럼에도 불구하고 이 보편성은, 그의 견해에 따르면, 취미판단의 가장 본질적인 것에 속한다. 보편성 없는 취미판단은 아예 생각할 수도 없다는 것이다.

우선 사람들이 확신해야 하는 것은, 사람들은 (아름다운 것에 대한) 취미판단을 통해서 하나의 대상에 대한 만족을, 개념에 근거하지 않고서도, (…) **모든 사람**에게 (무리하게라도)[136] 요구한다는 사실, 그리고 보편타당성에 대한 이 요구가 우리가 어떤 것을 **아름답다**

---

[136] ansinnen이라는 동사의 해석에 '무리하게' 또는 '무리하게라도' 등이 첨가되어야 하는 이유는 다음에 자세히 설명될 것임.

라고 선언하는 판단에 본질적으로 속하기에, 이 보편
성을 생각하지 않고서는 아무도 이 (아름답다라는)[137]
표현을 사용할 생각조차 하지 않을 것이라는 사실이
다. (KU, 213/4)

칸트의 말대로 취미판단이 가지는 "미적 보편성"은 아
주 "특수한 종류"의 것이다. 그럴 것이 "'아름답다'라는 술
어는 논리적 영역 전체에서 고찰된 그 대상의 개념과는 연
결되지 않으나 (…) 판단자들의 영역 전체로 확장되기 때
문이다"(KU, 215). "아름다운 것은, 개념 없이, **보편적인** 만족
의 객체로서 상정되는 것이다"(KU, 211)라는 6절의 표제나
"개념 없이 보편적으로 만족을 주는 것은 아름답다"(KU,
219)라는 칸트의 미의 정의는 취미판단에서의 '아름다움',
'개념 없음' 그리고 '보편성'이라는 세 개의 명제의 연관관
계에 대한 축약적 표현이다. 판단의 내용이 판단 대상의
논리적 개념과는 아무런 관계가 없음에도 그 판단 내용에
판단 주체들이 보편적으로 동의해야 한다는 요구, 칸트는

---

[137] 필자의 부연설명임.

취미판단이 가지는 이러한 특별한 성격을 이 판단의 "기이함" 또는 "독특함"으로 표현한다. 취미판단의 이 보편성이 "대상의 개념에 의거하지 않기에", 즉 "전혀 논리적이지 않기에" 이 보편성은 칸트의 표현에 따르면 "판단의 객관(체)적 양(量)"이 아니라 오로지 "주관(체)적 양"만을 내포한다.[138] 이 판단이 단 하나의 객체만을 대상으로 하기에, 그리고 '하나'라는 단수는 복수를 전제로 해서만 성립될 수 있는 '공통적 성질', 즉 보편성을 가질 수 없기에 취미판단의 보편성은 "객관(체)적 양"에는 해당되지 않으며, 오로지 모두 동일한 판단을 내리는 판단 주체에 해당되는 "주관(체)적 양"만을 내포할 수 있다는 것이다. 취미판단의 보편성이 이처럼 비개념적, 비논리적이며 판단 대상이 아니라 판단 주체에만 관련되어 있기에 이 보편성은 "주관(체)적"이다. "취미판단에 있어서 만족의 보편성은 오로지 주관(체)적으로만 상정된다"라는 8절의 표제는 바로 이러한 사실의 표현이다.

---

[138] 이상 KU, 214. 괄호 안은 필자의 부연설명임.

그러나 취미판단의 보편성이 '비개념적'이라는 명제는 이 보편성이 개념과는 전혀 무관하다는 사실을 의미하지는 않는다. '비개념적'은 상대적인 의미의 것으로, 취미판단의 보편성이 경험적 영역의 한계에서만 자신의 논리성을 입증할 수 있는 "지성개념(Verstandesbegriff)"을 매개로 성립되지 않음을 나타낼 따름이다. 완전히 비개념적 보편성, 즉 어떠한 개념에도 의거하지 않는 보편성이란, 칸트에 따르면, 있을 수가 없다. 따라서 취미판단 역시 "그 어떤 개념과 관계를 맺어야만 한다". 그렇지 않으면 이 판단은, 칸트의 말대로 "모든 사람에게 해당되는 필연적 타당성에 대한 요구를 도대체 할 수가 없을 것이기 때문이다"(이상 KU, 339). 따라서 취미판단에도 또한

> 그 어떤 개념이 기초를 이루고 있어야 한다, 그러나 그것은 직관을 통해서는 전혀 규정되지 않는 개념이며, 그것을 통해서는 아무 것도 인식될 수 없는 개념이고, 따라서 **취미판단에 대해서 아무런 증명도 해주지 못하는 개념이다**. 그러한 개념은 초감성적인 것에 대한 오로지 순수한 이성개념인 바, 이 이성개념은 감각

적 대상으로서의, 즉 현상으로서의 대상의(또한 판단하는 주체의) 기초를 이루는 것이다. 그것은 그러한 고려를 하지 않는다면 취미판단의 보편적인 타당성에 대한 요구는 답을 얻을 수 없을 것이기 때문이다. (KU, 339/10)

"직관을 통해서 규정되는" 개념은 지성개념이다. 지성개념은 물질적, 경험적, 감각적 영역에서 항시 상응하는 현상("직관")을 찾을 수 있기 때문이다. "이성개념"은 이 영역의 한계를 벗어난 개념이다. 물질적, 경험적, 현상적으로 규정되지 않기 때문이다. 따라서 이 개념은 경험적 또는 논리적으로 증명될 수 없다. 단지 초월적, 사변적으로 사유될 수 있을 따름이다. 현상적으로 규정될 수 없기에 이 이성개념은 대상의 인식에 아무런 기여도 하지 못한다. 그럼에도 불구하고 칸트가 이 "규정되지 않는 개념"(KU, 340/41)을 취미판단의 보편성에 대한, 더 나아가서는 취미판단 자체의 근거로서 상정한 것은 그가 앞에서 "미적・감성적"으로 규정한[139] 취미판단의 근원적 본성을 '초월적'으로, 즉 '초감성적', '초경험적'으로 해석하고 있음을 보여준다.

칸트는 취미판단의 "규정근거"가 "아마도 인간성의 초월적 실체로 간주될 수 있는 것의 개념"(이상 KU, 340)에 있을 것이라고 말한다. "아마도", 또는 "간주될 수 있는" 등의 조심스러운 표현은 이 이성개념이 경험적으로는 증명될 수 없는 관념적 "이념"이기 때문이다. 그러나 칸트는 이 이성개념을 통해야만 지성개념으로는 결코 이해할 수 없는 취미판단의 본령에 이를 수 있다고 확신한다.

> 이 주관적 원칙, 즉 우리 안의 초월적 이념만이 우리 자신에게도 그 원천이 숨겨져 있는 이 능력의 수수께끼를 푸는 유일한 열쇠로 고지(告知)될 수 있을 것이다, 그러나 이 원칙은 그 무엇을 통해서도 이해될 수 없다 (KU, 341).

'비개념적'이며 '주관적인' 그러나 '보편적인 타당성', 취미판단의 이러한 모순은 어디까지나 경험적, 물질적 영역에 국한된 모순이다. 따라서 이러한 모순을 해소하려면

---

139 『판단력 비판』 1절의 표제: "취미판단은 미적·감성적이다".

이 영역을 넘어서야 한다. 칸트의 표현대로 "감각적인 것 너머를 보고 초감각적인 것에서 우리의 모든 선천적 능력의 합일점"(KU, 341)을 찾아야 한다. 바로 이러한 이유로 해서 철저하게 개별적이며 주관적인 판단임에도 불구하고 이 판단의 보편적 타당성을 요구하는 취미판단은 "논리학자에게는 아니나 초월철학자에게는 하나의 주목할 만한 기이함"인 것이다. 초월철학자는 이 보편성의 근원을 발견하려면 많은 노력을 해야 하지만, 그 대신 감추어져 있던 "우리의 인식능력의 특성"(이상 KU, 213)을 밝혀낼 수 있는 것이다. "우리의 인식능력의 특성"은 아마도 지성과 상상력이라는 두 인식능력 간에 이루어지는 '자유로운 유희'를 의미할 것이다. 이 유희를 통해 사람들은 지성이 주도하는 개념적 인식판단을 훨씬 넘어서는, 대상에 대한 좀 더 근원적이며 전체적인 인식, 즉 본래적 인식에 이를 수 있기 때문이다. 취미판단의 보편적 타당성은 하나의 동일한 대상에 대한 미적 판단에서 모든 판단자가, 각자의 '개별적'이고 '독립된' 판단을 통해, 모두가 본래적 인식에 이를 것을, 모두가 대상에서 목적 없는 합목적성을 인지할 것을, 모두가 대상에서 관심 없는 만족을 느낄 것을, 그리고 모두가 자신 내부의 자유로운 유희를 의식함으로써 즐거움을 느낄 것을 요구한다. 그리고 대상에 대한 '아름답다'라는 판단은 이 모든 요구에 대한 긍정의 답변을 포함하는 것이다.

2. 인간 본성의 "보편적 실체"와 인류 공동체의 이상

(1) 미적 판단과 인간의 본성

칸트의 취미판단이, 이 판단이 개별적이고 주관적이며 감성적이라는 사실에도 불구하고, 보편적 타당성을 가진다는 모순의 명제는, 지금까지 논의한 대로 그 모순의 해법을 이성개념에서 찾고 있다. 그리고 칸트는 이 이성개념을 "인간성의 초월적 실체로 간주될 수 있는 것의 개념"으로 설명한다.

> 그러나 내가 다음과 같이 말한다면 모든 모순은 사라진다. 취미판단은 하나의 (판단력에 대한 자연의 주관

적 합목적성의 근거 일반의) 개념에 근거하고 있다. 그러나 이 개념에서는 객체에 관해서 아무 것도 인식되거나 증명될 수 없다. 이 개념이 그 자체로는 규정이 불가능하며 인식에 소용되지 못하기 때문이다. 그러나 취미판단은(물론 각각의 사람들에 있어서 개별적인, 직관을 직접적으로 동반하는 판단으로서) 바로 이 개념을 통해서 또한 모든 사람에 해당되는 타당성을 얻는다. 왜냐하면 취미판단의 규정근거가 아마도 인간성의 초월적 실체로서 간주될 수 있는 것의 개념에 놓여있기 때문일 것이다. (KU, 340)

위의 인용문에서 이성개념을 이해하는 데 도움이 될 수 있는 것은 이 개념이 "판단력에 대한 자연의 주관적 합목적성의 근거 일반의" 개념이라는 언급, 그리고 이성개념이 "인간성의 초월적 실체로서 간주될 수 있는 것"의 개념이라는 언급이다. 이 말들을 좀 더 자세히 살펴보기로 한다.

첫 번째 언급은, 앞 장의 '목적 없는 합목적성'에서 자세히 설명한, 자연적 사물이 자유로운 유희의 상태에 있는 주체의 심성적 상태에 대한 합목적성과 결부하여 이성개념을 설명하는 것으로 생각된다. 자연의 사물이, 주체가 이 사물을 어떠한 이해관계적 관심도 없이 정관할 때, 또 주체가 이 사물에 대해 '이것은 무엇이어야 한다' 식의 목적 개념을 설정하지 않고 대할 때, 주체의 심성 안에 상상력과 지성 간의 자유로운 유희가 생성되도록 하는 계기가 될 수 있음은, 즉 이 자유로운 유희에 대해 '형식적, 주관적 합목적성'을 가지고 있음은, 그리고 칸트가 이를 "취미의 주관적 원칙"[140]으로 규정하고 있음은 이미 자세히 논의했다. 그런데 이 과정에서 주목해야 할 것은 인간의 인식능력인 상상력과 지성은, 앞에서 자세히 설명한 바와 같이, 두 능력 사이의 관계를 '조화(Harmonie)'로 규정할 수 있을 때에만 자유로운 유희의 상태에 들어설 수 있다는 사실이다.[141] 즉 두 능력 사이의 관계가 어느 한쪽으로 편중되거나 치우쳐서 그 결과로, 인식판단에서 그렇듯, 한쪽이 주도적이고 지배적인 역할을 하고, 다른 한쪽은 보조적 피동적 역할을 하게 되면 자유로운 유희는 성립하지 않는 것이다. 이들

---

[140] 35절의 표제를 참조할 것.
[141] 이 책 43~51쪽 참조.

인식능력은 상대방의 지배적 영향에서 자유로울 때 자신의 기능을 자유롭게 수행할 수 있으며, 또 이를 통해서 역으로 상대방의 기능을 촉진하고 활성화할 수 있는 바, 바로 이것이 자유로운 유희의 본성을 이룬다. 따라서 이성개념이 "판단력에 대한 자연의 주관적 합목적성"의 개념이라면, 이성개념은 궁극적으로는 지성과 상상력 간의 조화로운 상태에 대한 개념으로서 규정될 수 있을 것이다. 그리고 이러한 규정은 위 인용문의 두 번째 언급, 즉 이성개념이 "인간성의 초월적 실체로서 간주될 수 있는 것"의 개념이라는 언급과 내용적인 상응을 이룬다.

"인간성의 초월적 실체로서 간주될 수 있는 것"은 어떻게 설명될 수 있는 것일까? "실체(實體, Substanz)"는 철학적 용어로서는 어떤 사물의 '가장 내적이며 근원적인 기본체(基本體)'를 뜻한다. 이 실체는 사물이 외적 현상적으로 끊임없이 변화하는 와중에도 '변함없이 지속되는 것'이며, 바로 이러한 이유 때문에 '비현상적'이며 '비경험적', 즉 '초월적'이다. 그렇다면 인간성에서 이러한 초월적 실체로 규정될 수 있는 것은 무엇일까?

칸트는 '쾌적한 것에 대한 만족', '아름다운 것에 대한 만족' 그리고 '좋은 것에 대한 만족'의 차이점을 설명하면서 아름다움은 오직 인간에게만 가치가 있다고 강조한다.

> 쾌적함은 이성이 없는 동물에게도 해당된다. 아름다움은 오로지 인간에게만, 다시 말해 동물적이면서도 또한 이성적인 존재, 그러나 또한 이성적 존재(예를 들면 정신)일 뿐만 아니라 동시에 동물적 존재이기도 한 인간에게만 해당된다. 그러나 좋은 것은 모든 이성적 존재 일반에게 해당된다. (KU, 210)

인간의 인식능력인 상상력과 지성은 각기 감각적 동물적 본성인 '감성'과 정신적 이성적 본성인 '이성'에 속해 있다. 따라서 상상력과 지성이 자유로운 유희의 상태에서 서로 조화를 이룬다는 것은 미적 체험을 할 때 판단 주체의 심성적 상태가 감성과 이성 간의 조화를 기반으로 함을 말해준다. 그런데 "조화"는 이 두 본성이 어느 한쪽으로 치우치지 않는 균형을 이루고 있음을 의미한다. 그리고 이 균형은 서로 상대의 일방적 팽창을 막는 견제를 통해 유지

될 수 있다. 이 견제는 주체가 동물적·감각적·물질적 욕구인 "쾌적함"을 만족시키거나, 이성적·지적·도덕적 욕구인 "좋은 것"을 만족시키는 어느 한쪽으로 편향되는 것을 방지한다. 이 균형을 통하여 주체는 대상에 대해 "쾌적"의 욕구를 충족해서 생성된 관심이나 "좋은 것"의 욕구를 충족해서 생성된 관심에서 자유로울 수 있다. 주체가 인식 능력 간의 자유로운 유희를 통해서 얻을 수 있는 "아름다운 것"에 대한 취미는 그래서 "유일하고 하나뿐인, 관심 없는 자유로운 만족"이며, 이러한 균형의 상태에서는 "감성도 이성도 갈채를 강요하지 않는다". 그것은 "관심은 모두 욕구를 전제하거나 욕구를 불러일으키기" 때문이다(이상 KU, 210).

따라서 인간으로 하여금 미적 체험을 가능하게 해주는 심성의 조화로운 상태, 즉 감성과 이성 사이의 조화와 균형은 오로지 동물적이지도 않으며 또한 오로지 이성적이지도 않은 인간의 가장 근원적인 본성으로, 즉 "인간성의 초월적 실체"로 생각될 수 있다. 칸트가 위의 인용문에서 인간 본성이 가진 이중성을 처음에는 '동물적−이성적' 순서로 두 번째에는 '이성적-동물적' 순서로 반복해 언급한 것은 이 이중성을 강조하는 것이자 동시에, 이 이중적 본성 중 그 어느 것도 지배적 우위에 있지 않다는, 즉 이들 간의 관계가 조화와 균형의 상태라는 것을 암시하는 표현으로 이해할 수 있을 것이다. '근원적'이기에 이 본성은 시간과 장소를 초월하여 모든 사람에게 공통된 것이다. 과거에 살았고, 현재 생존하고 있으며 또 미래에 살아갈 모든 사람이, 즉 인류 전체가 이 근원적 본성을 가지고 있는 것이다. 물론 이 전 인류적 본성은 경험적으로 증명되거나 확인될 수 없다. 이 근원적 본성이 경험적 영역을 벗어난 초월적 이념, 즉 하나의 "이성개념"이며 "인간성의 초월적 실체"로 간주될 수 있는 것이기 때문이다.

(2) 보편성과 인류 공동체의 이념

취미판단이 보편적 타당성을 가진다는 명제는 전술한 인간의 근원적 본성, 즉 감성과 이성 간의 조화와 균형이라는 인류 전체에 보편적인 이성개념에 근거하고 있다. 어떤 대상에 대한 자신의 만족이 모든 이해관계적 관심에서 자유로운 순수한 만족임을 확신하는 주체는, 바로 이 자유로움을 근거로 하여 자신의 심성이 감성과 이성 간의 조화와 균형에 의해 결정된 상태임을 확신할 수 있으며, 그래서 이 만족의 표현인 '아름답다'라는 판단에 바로 이 보편적 인간의 본성에 의거한 보편성을 요구하는 것이다.

> 왜냐하면 누군가가 어떤 것에 대한 (그의) 만족이 그 자신이 그것에 어떠한 관심도 가지지 않은 만족임을 의식한다면, 그는 그것이 모든 사람이 지닌 만족의 근거를 함유하고 있음이 틀림없다고 판단할 수밖에 없기 때문이다.[142]

이러한 판단은 물론 판단 주체가 자신의 만족이 "그가 다른 모든 사람에게서도 전제할 수 있는 것"(KU, 211)에 근거를 두고 있다고 믿는 데에 근거한다. "다른 모든 사람에게서도 전제할 수 있는 것", 즉 모든 사람이 예외 없이 가

---

[142] KU, 211. 괄호 안은 필자의 부연설명임.

지고 있다고 믿는 것, 칸트의 미학은 그것을 인류의 보편적 본성으로서의 감성과 이성의 조화라고 규정하는 것이다.

그런데 어떤 사람의 심성에서 이 조화가 깨뜨려진다면, 그래서 감성이 우위에 선다면, 그 사람은 아름다운 것이 아니라 쾌적한 것에서 만족을 찾을 것이다. '동물적' 본성은 감각적, 물질적, 본능적 만족을 요구하기 때문이다. 반대로 그의 심성에서 이성이 우위에 있다면 그는 미적 만족이 아니라 지적, 도덕적 만족을 지향할 것이다. 이러한 경우에도 이 사람이 느끼는 만족의 감정은 보편성을 가질 수 있을까?

'선한 것'을 대상으로 하는 도덕적 만족은 물론 모든 사람에게 해당되는 보편성이 있다. 그러나 도덕적 만족은 '주관적'인 미적 만족이나 감각적 만족과는 달리 대상(객체)의 개념에 의거하므로 '객관적'이다. 따라서 이 만족이 가지는 보편성 역시 '객관적'이다. 즉 대상의 논리적 개념을 매개로 성립되는 보편성인 것이다. 칸트의 말대로 "선한 것은 오로지 하나의 개념을 통해 보편적인 만족의 대상으로 상정되는 것이다"(KU, 213).

'쾌적한 것'에 대한 만족은 그러나 보편성을 요구할 수 없다. 그 이유는, 첫째로 이 만족을 느끼는 주체의 심성적 상태가, 감성에 편중되어 있어서, 감성과 이성의 조화라는 인간 본연의 본성에서 벗어난, 오로지 이 주체만이 가지는 특별한 개인적인 것이기 때문이다. 그의 감각적 만족의 근거는 "그의 주체만이 홀로 매달려 있는" "사적(私的) 조건(Privatbedingungen)"(KU, 211)인 것이다. '사적'이라 함은 물론 이 조건들이 시공을 뛰어넘어 모든 사람에게 해당되는 전 인류적 '공공성(公共性)'을 가지지 못하기 때문이다.

"쾌적한 것"에 대한 만족은 이처럼 기본적으로 '사적'이다. 미적 만족이 "관심 없는 만족"임에 반하여 쾌적한 것에 대한 만족은 주체의 대상에 대한 이해관계적 관심을 전제로 한다. 이 관심도 역시 '사적'이다. 왜냐하면 모든 사람이 이 대상에 동일한 이해관계적 관심을 가지지는 않기 때문이다. 이 관심은 주체 개인에게 국한된 '개인적' 관심이며 그러한 관점에서 '사적'인 관심이다. 어떤 대상을 "쾌적한 것"으로 판정하는 판단 역시 "사적 감정(Privatgefühl)"(KU, 212)에 근거한다. 그것은 이 판단의 주체만이 그 대상에서 감각적 만족을 얻기 때문이다. 이처럼 어떤 대상을 '쾌적하다' 또는 '쾌적하지 않다'라고 가리는 감각적 취미판단은 "순전히 사적 판단(bloß Privaturteile)"(KU, 214)이다. 따라서 판단의 주체는 이 판단에 어떤 보편성도 요구할 수 없다. 달리 말하면 그는 '그것은 쾌적하다'라고 말할 수 없다. 이 표현이 판단의 보편성을 암시하기 때문이다. 대신 그는 "그것은 **나에게는** 쾌적하다"(KU, 212)라고 말해야 하는 것이다. 이 대상에서 쾌적함의 만족을 얻는 사람은 그 개인에게 국한되어 있기 때문이다. 이 판단 주체의 심성적 상태가 감성에 치우쳐 있고, 따라서 인류 공통의 본성인 감성과 이성의 조화를 상실했기에, 그는 인류 공동체에서 떨어져 나온 사적 개인인 것이다. 물론 감성으로 치우친 정도와 성향은 개인에 따라 무수히 다르며, 따라서 이들의 '사적 판단'은 무수히 많은 상이한 형태를 지닐 것이다.

> 어떤 사람에게는 보라색이 부드럽고 사랑스럽지만 다른 사람에게는 칙칙하고 생기가 없다. 어떤 사람은 관악기 소리를 좋아하지만 다른 사람은 현악기 소리를 좋아한다. 우리의 판단과 상이한 다른 사람들의 판단

이 마치 우리의 판단과 논리적으로 대립되는 것인 양 옳지 않다고 책망하려는 의도에서 그 판단에 대해 싸우는 것은 어리석은 짓일 것이다. 따라서 쾌적한 것에 관해서는 다음의 원칙이 적용되어야 한다. **모든 사람이 제각각 자신의 고유한** (감각의) **취미를 가지고 있는 것이다.** (KU, 212)

물론 쾌적한 것에 대한 감각적 만족 중에도 아주 많은 사람이 공유할 수 있는 것이 있다. 예를 들면 재물욕이나 권력욕, 또는 성적 욕구의 충족은 대다수 사람에게 만족감을 줄 것이며, 따라서 일정한 보편성이 있다고도 볼 수 있을 것이다. 그러나 이러한 보편성은, 칸트에 따르면, 단지 "비교적"이다. 즉 예외가 있을 수 있는 "일반적(general(e))" 의미에서의 보편성이며, 그러므로 '경험적' 보편성이다. 이에 반해 취미판단의 보편성은 전체를 모두 아우르는 "총체적(universal(e))" 의미의 보편성이며, 따라서 '선험적'이다 (이상 KU, 213). 이러한 절대적 보편성은 경험을 통해서는 결코 확인될 수 없기 때문이다.

미적 만족을 초래하는 취미판단은 모든 관점에서 쾌적

한 것에서 만족을 얻는 "감각의" 취미판단과 대치된다. 쾌적한 것에서 만족을 얻는 판단이 기본적으로 "사적 판단"임에 반하여 미적 판단은 "이른바 공통적으로 타당한 (**공적**) 판단"[143]이기 때문이다. 따라서 미적 판단의 주체는 "이 대상은 (…) 나에게 아름답다"(KU, 212)라고 말하면 안 된다.

> 그 이유인즉, 만약 그것이 오로지 그만을 만족시켰다면 그는 그것을 **아름답다**고 일컬어서는 안 되기 때문이다. 많은 것에 그는 자극적 매력과 쾌적함을 느낄 수 있지만 그에 대해서는 아무도 개의치 않는다. 그러나 그가 그 무엇을 아름답다고 내세운다면, 그는 다른 사람들에게도 똑같은 만족을 (무리하지만) 요구하는 것이다. 그는 단지 자신만을 위해서가 아니라 모든 사람을 위해서 판단하는 것이며, 아름다움에 대해서 그것이 사물의 한 특성인 양 말하는 것이다. 그래서 그는 저 **사물**은 아름답다고 말하면서, 그의 만족의 판단

---

[143] KU, 214. 강조는 필자에 의한 것임. 이 "공적 판단"은 '이른바' 또는 '억지 주장의'의 의미인 vorgeblich라는 형용사로 수식되고 있는 바, 왜 "공적 판단"이 이러한 수식어와 결부될 수 있는지는 다음에 자세히 설명될 것이다.

에 다른 사람들의 찬동을 기대하는 바, 이는 그가 그들이 여러 번 그의 판단에 찬동하는 것을 보았기 때문이 아니라 그들에게 찬동을 **요구하기** 때문이다. 만약 그들이 다르게 판단한다면, 그는 그들을 꾸짖을 것이고, 그들이 가져야 한다고 그가 요구하는 취미가 그들에게 없다고 말할 것이다.[144]

위의 글에서 "아름다움에 대해서 그것이 사물의 특성인 양 말한다"라는 문장은 판단의 주체가 자신의 '아름답다'라는 판단이 마치 대상의 개념을 근거로 하는 듯이, 다시 말하면 이 판단이 개념을 매개로 하는 논리적, 객관적인 보편성을 지닌 듯이 말한다는 의미이다. 그러나 취미판단은 대상을 개념적으로 인식하는 논리적인 판단은 아니다. '아름답다'라는 판단은, 앞에서 누누이 설명한 것처럼, 대상의 본성과는 무관한 판단이다. 칸트의 말은 취미판단의 주체는 자신의 판단의 '주관적' 보편성에 대해 인식판단의

---

[144] KU, 212/3. 괄호 안은 필자의 추가 설명임. 왜 '무리하지만'이 추가되었는지는 이후에 자세히 설명될 것임.

'객관적' 보편성과 마찬가지의 타당성을 요구한다는 의미이다. 그러기에 이 주체는, 다른 사람들이 그와는 다르게 판단하면 당연히 그들을 "꾸짖는" 것이다. 물론 이 주체는 자신의 판단이 감성과 이성 간의 조화와 균형이라는 인간 본연의 본성에, 그래서 "그가 다른 모든 사람에게서도 전제할 수 있는 것"(KU, 211)에 의거하고 있다는 확신에서 이 같은 보편성을 요구한다. 그는 자신이 느끼는 미적 만족과 "비슷한 만족을 모든 사람에게 (무리하지만) 요구할 근거"를 가지고 있다고 "믿는" 것이다.[145]

따라서 취미판단의 보편성은 결코 '경험적' 현실은 아니다. 위의 예문에서 언급된 것처럼 판단의 주체는 '다른 사람들이 자신의 판단에 여러 번 찬동하는 것을 본' 경험에 의거하여 이들이 으레 자신과 같은 판단을 하리라고 기대하는 것이 아니라 인간 본연의 본성에 대한 자신의 '믿음'에 의거하여 동일한 판단을 '요구'하는 것이다. 즉 취미판단의 보편성은 현실의 경험에서 귀납적으로 추론(推論)된

---

[145] KU, 211. 괄호 안은 필자의 추가 설명임.

것이 아니라 인간의 근원적 본성의 당위적 필연성에 대한 믿음에서 연역적으로 추정(推定)된 것이다. 이 보편성의 기저를 이루는 "인간성의 **초월적** 실체로서 간주될 수 있는 것의 개념"[146], 또는 "이성개념"은 비경험적, 초월적인 것이기에 오로지 선험적(a priori)으로, 즉 선천적으로 인간에게 주어진 것으로 사유될 수밖에 없는 것이다.[147]

이러한 연역적 추론은 물론 "어떤 개념의 객관적 사실성을 정당화하는 것"은 아니다. "왜냐하면 아름다움은 객체의 개념이 아니고 취미판단은 인식판단이 아니기 때문이다". 이 추론이 지향하는 것은 "우리가 우리 안에서 접하는 판단력의 동일한 주관(체)적 조건들을 보편적으로 모든 사람에게 전제할 권리를 가지고 있다"(이상 KU, 290)는 명제의 가능성을 인정하는 것이다. "판단력의 동일한 주관(체)적 조건"은 물론 상상력과 지성 간의 조화로운 상태와 이 상태에서 비로소 생성되는 이 능력의 자유로운 유희를 의미

---

[146] KU, 340. 강조는 필자에 의한 것임.
[147] Wieland, p. 268 참조.

한다. 즉 이 추론은 "모든 사람에 있어서 이 능력(미적 판단력)의 주관(체)적 조건들은, 그 안에서 활동하게 되는 인식능력과 본래적 인식 사이의 관계에 관한 한, 마찬가지이다"[148]라는 명제를 인정하는 것이 목적이다. 본래적 인식이 대상에 대한 미적 판단, 즉 '미적 체험'임은 앞에서 이미 설명한 바 있다. 어느 대상에 대한 '아름답다'라는 판단과 이 판단에 따른 미적 만족은, 판단의 주체가 인간 본연의 본성, 즉 넓게는 감성과 이성 간의, 그리고 좁게는 상상력과 지성이 조화로운 상태에 있는 심성을 가진 한에서는, 시간과 공간을 초월하여 모든 사람에게 '보편적'인 것이다. 바로 이러한 맥락에서 볼프강 빌란트는 그의 칸트 미학 연구서에서 미적 판단을 "개념 없는 모든 인간의 하나 됨", 즉 개념화될 수 없는 전 인류적 총체성으로 정의한다.[149]

그러나 칸트가 "인간성의 초월적 실체", "이성개념" 등으로 표현한 인간 본연의 본성은 말 그대로 "초월적"이다.

---

[148] 이상 KU, 290(각주). 괄호 안은 필자의 부연설명임.
[149] Wieland, p. 284.

즉 비경험적이며 비현실적인 것이고, 따라서 논리적으로는 증명이 불가능하다. 취미판단의 보편성에 대한 칸트의 언뜻 보아 서로 모순되는 듯한 다음의 두 설명은 바로 이러한 사실에서 이해되어야 한다. 첫 번째 설명은 보편성이 취미판단의 절대적 전제임을 강조하고 있다.

> 여기서 이제 알 수 있는 바, 취미판단에서는, 개념이 매개하지 않는 만족과 관련하여, 오로지 그러한 **보편적인 동의**만이, 그리고 이에 따라서 모든 사람에게 동시에 타당하다고 간주될 수 있는 미적 판단의 **가능성**만이 (정당하게)[150] 요구되는 것이다. (KU, 216)

위의 글은 미적 판단이, 이 판단에 대한 보편적 동의가 없으면, 아예 가능하지 않음을 강조한다. 이 보편성이 부정되면, 예를 들어 "누구나 각자 특수한 취미가 있다"라고 말한다는 것은 "취미라는 것은 아예 존재하지 않는다. 다시 말해 모든 사람의 동의를 정당하게 요구할 미적 판단은

---

[150] 이 괄호 안 내용은 다음의 '요구하다'의 의미로 사용된 postulieren의 뜻을 강조하기 위한 필자의 부연설명임.

없다"(KU, 213)라는 의미이다. 사람들이 제각기 자기만의 만족을 얻는 판단을 내린다면, 이는 판단 주체들이 모든 인간에게 공통적인 인간의 근원적인 본성에서 이탈하여 자신만의 "사적 조건"을 근거로 "사적" 판단을 내렸음을 의미하기 때문이다. 그렇다면 모든 사람을 포함하는 인류의 공공성과 이 공공성에 의거한 인간으로서의 동질성 및 정체성은 파괴될 것이다. "도덕성의 상징"으로 규정된 아름다움은 더 이상 존재하지 않을 것이며, 아름다움을 볼 수 있는 능력을 상실한 인간은 더 이상 자연과 평화롭게 공존하고 이 세계와 잘 어울리는 삶을 살아갈 수 없을 것이다.[151] 그도 그럴 것이 사람들은 모든 것을 이해관계적 관점에서 볼 것이며, 모든 것을 목적-수단의 관점에서 파악하는 유용론적 합리성에 매몰될 것이기 때문이다. 그리고 자연의 사물들은 자체의 목적을 가진 존재로서 존중되지 않고 정복이나 소유라는 인간의 목적 대상으로 전락할 것이다. 칸

---

[151] I. Kant: Reflexionen zur Logik, Nr. 1820a, Kants Werke, Bd. XVI, S. 127: "아름다운 사물들은 인간이 이 세계에 잘 어울림을 (…) 보여준다".

트가 취미판단의 "보편적인 동의" 그리고 "미적 판단의 가능성"과 연결하여 사용한 "요구되다(postuliert wird)"라는 동사는 이런 관점에서 의미가 있다. 독일어의 'Postulat'는 일반적으로는 '윤리적, 도덕적인 요구' 또는 '반드시 준수되어야 하는 명령이나 계율'을, 철학적 용어로는 '필연적, 논리적, 방법론적 또는 인식론적 전제'를 뜻한다. 동사 'postulieren'은 바로 이런 요구, 또는 이런 전제에서의 요구를 제기함을 의미한다. 취미판단의 보편성은 도덕적 윤리적 요구이며 필연적 전제가 깔린 '정당한' 요구인 것이다. 취미판단의 보편성에 내포된 당위적 필연성은 다음 장에서 좀 더 자세히 논의할 것이다.

칸트의 두 번째 설명은 이 보편성의 요구가 비논리적이며 또한 비현실적임을, 즉 현실적인 여건에서는 '무리한 요구'임을 밝히고 있다.

> 취미판단 사신은 모든 사람의 찬동을 (정당하게) **요구하지** 못한다(왜냐하면 그러한 요구는 근거를 제시할 수 있는 논리적 판단만이 할 수 있기 때문이다). 취미판단은 단지 모든 사람에게 이러한 찬동을, 규칙의 한

경우로서, (무리하게)[152] 요구할 따름이다, 그러나 그 규칙의 확증을 취미판단은 개념에 의해서가 아니라 다른 사람들의 찬성을 통해서 얻기를 기대한다. (KU, 216)

"규칙의 한 경우로서"라는 말은 취미판단이 자신이 요구하는 보편성이 마치 어떤 규칙이 적용되는 하나의 실례인 것처럼 보아줄 것을 요구함을 의미한다. 그러나 이른바 그 규칙은 개념에 근거를 두지 않는다. 따라서 이 규칙은 비개념적, 비논리적인 규칙이고, 이 규칙에 근거한 보편성 역시 개념에 의해 매개되지 않는 비논리적인 것이다. 만일 다른 사람들이 모두 하나의 취미판단에 찬동한다면, 그 규칙은 경험적 관점에서 '있는 것으로' 간주될 수 있을 것이나, 그렇지 않으면 이 규칙은 성립될 수 없다. 그런데 모든 사람, 즉 전 인류적 찬동을 경험적으로 확인하는 것은 사실상 불가능하다. 다시 말하면 유일하게 취미판단의 보편성

---

[152] 이 괄호 안 내용은 다음의 '요구하다'의 의미로 사용된 ansinnen의 뜻을 강조하기 위한 필자의 부연설명임.

을 증명해 줄 수 있는 경험적 확인은 실현 불가능한 수단인 것이다. 칸트의 위의 글은 취미판단의 보편성 요구가 '무리한' 요구임을 분명하게 밝히고 있다. 이 보편성은 비현실적인 것이다.

그러나 이 비현실성은 현실적 확인이 불가능하다는 차원에서만 비현실적인 것은 아니다. 이 비현실성은 이 보편성이 인간의 현실적 상황에서는 불가능하다는 의미에서도 비현실적이다. 앞에서 쾌적한 것에서의 사람들의 만족에 관한 칸트의 길고 상세한 설명은 인류 공동체에서 이탈한 '사적' 존재로서의 인간이 자신만의 '사적 조건'에서 자신만의 개별적인 '사적 만족'을 찾는 것이 광범위한 현실적 상황임을, 즉 '전 인류적 공동체'가 현재 상황에서는 성립 불가능한 그저 하나의 이상이라는 사실을 칸트가 인식하고 우려하고 있음을 간접적으로 표현한 것으로 해석될 수 있다. 그리고 이 두 번째의 비현실성은 칸트가 '무리하게 요구하다'라는 의미의 ansinnen이라는 동사를 사용한 데서 분명하게 나타난다.

칸트의 첫 번째 설명에서 사용된 동사인 '(정당하게) 요구하다(postulieren)'와 두 번째 설명에서 사용된 동사 '(무리하게) 요구하다(ansinnen)'는 두 설명의 핵심을 극명하게 대비한다. 취미판단의 보편성에 대한 요구는, 전 인류적 공공성 및 인간의 동질적 정체성의 관점에서, 또 인간과 자연의 화해와 평화로운 공존의 관점에서 보면, 필연적이고 당위적인, 즉 '정당한' 요구이다. 그러나 이 보편성은 비논리적인, 그리고 무엇보다도 비현실적인 보편성이다. 즉 논리적인 관점에서나 현실적인 관점에서 이 보편성의 요구는 '무리한 요구'인 것이다. 볼프강 빌란트는 칸트가 취미판단의 보편성과 관련해서 자주 사용한 '요구하다'라는 의미의 독일어 동사 ansinnen과 zumuten이 18세기의 독일어에서는 "원칙적으로는 올바르나 현실적 여건에서는 불가능한 것을 요구하다"의 기본적 의미가 있음을, 그리고 이런 배경에서 '무리하게 요구하다' 또는 '부당하게 요구하다'의 뜻으로 사용되었음을 확인했다.[153] 이 두 동사의 대비를 통해서 분명하게 드러나는 것은 취미판단의 보편성 요구가 원

---

[153] Wieland, p. 268.

칙적으로는 정당하고 바람직한 요구이나 현실적으로는 불가능한 무리한 요구라는 사실이다. 8절의 "이른바 공통적으로 타당한 (**공적**) 판단"(KU, 214)에서의 "이른바" 역시 같은 맥락으로 사용된 첨가어이다. 원어인 'angeblich'는 '이른바', 또는 '억지 주장의'라는 뜻을 가진 형용사이다. 극단적으로 해석하면 취미판단의 "공적" 성격, 즉 '공통적 타당성'은 '억지 주장'일 수도 있다는 의미이다.

요컨대 "보편적인 동의는", 칸트의 말대로, 지금의 현실에서는 불가능한 "단지 하나의 이념일 뿐인 것이다"(KU, 216).

3. **공통감과 취미판단 보편성의 필연성**

(1) 공통감: 필연적 보편성의 조건과 원칙

취미판단의 보편성에 대해서 칸트는 두 가지 관점에서 자신의 이론을 전개하고 있다. 6절에서 8절까지의 논의가 판단 주체의 양적(量的) 보편성을 집중적으로 다룬 반면에,

18절에서 22절까지의 논의는 이 보편성을 미적 만족의 "양태(樣態, Modalität)"와 관련해서 다루고 있다. 이 논의에서 칸트가 제시한 미적 만족의 양태는 "필연성"이다. 이 필연성은 1차적으로는 미적 판단의 대상과 판단 주체의 미적 만족 간의 관계를 결정하는 필연성이다.

> **아름다운 것**에 대해서 사람들은 (…) 그것이 만족과 필연적인 관계가 있다고 생각한다. (KU, 236)

두 번째 필연성은 한 사람의 미적 판단에 "모든 사람이 찬동할 필연성"인 바, 이 판단은 "무엇이라고 말할 수 없는 어떤 보편적 규칙의 한 모범적 실례로서" 간주될 수 있다. 어떤 동일한 대상에 대한 모든 사람의 미적 판단은, 이 사람들이 모두 이 "보편적 규칙"에 따라서 판단 행위를 하는 한, 동일할 수밖에 없다. 이것이 하나의 판단에 "모든 사람이 찬동할 필연성"의 근거이며, 따라서 개개인이 내리는 판단은 모두의 판단에 대해 "모범적(exemplarisch)" 성격을 갖는 것이다(이상 KU, 237).

그러나 이 필연성은 논리적인 필연성은 아니다. 그것은

"취미판단은 인식판단이 아니며, 따라서 이 필연성은 특정한 개념에서 도출되지 않았기 때문이다."(KU, 237) 다시 말하면 이 필연성은 대상의 개념에 근거한 객관적인 필연성이 아니라 주관적인 것에 근거한 주관적인 필연성이다. 따라서 이 필연성은 논리적으로 의심의 여지가 없는 "명증적(明證的, apodiktisch)"(KU, 237)인 것은 아니며, 또한 19절의 표제가 말해주듯 "조건 지어진(bedingt)" 것이기도 하다.[154] 이 필연성의 조건으로 칸트가 내세운 것이 바로 "공통감(Gemeinsinn)"이다. 지금까지 "다른 사람들 모두에게 전제될 수 있는 것", 또는 "무엇이라고 말할 수 없는 어떤 보편적 규칙" 등으로 막연하게 표현되던 것이 이제 "공통감"이란 명시적 개념으로 바뀐 것이다. 그렇다고 해서 공통감이 논리적인 지성개념은 아니다. 20절의 표제가 분명히 표현하듯이 단지 "이념"일 뿐이다.[155] 즉 주관적이고 비논리적이

---

[154] 19절의 표제는 "우리가 취미판단에 부여하는 주관적 필연성은 조건 지어져 있다"이다.
[155] KU, 237. 20절의 표제: "취미판단이 (억지로) 주장하는 필연성의 조건은 공통감의 이념이다". 괄호 안의 "억지로"는 필자의 추가 설명임. 독일어 vorgeben은 '근거 없는 것을 내세우다, 억지 주장

며 비현실적인 것이다. 취미판단의 보편적 필연성이 주관적, 비논리적인 것은 바로 이 필연성의 근거인 공통감이 주관적이고 비논리적이기 때문이다. 그러나 이 공통감은, 비록 주관적이지만, 하나의 원칙이나 법칙이어야 한다. 원칙 없는 필연성은 있을 수 없기 때문이다.

> 그래서 그들(취미판단들)은 하나의 주관적 원칙을, 개념을 통해서가 아니라 감정을 통해서, 그럼에도 불구하고 무엇이 만족스럽고, 무엇이 불만족스러운가를 보편적으로 규정해주는 그러한 원칙을 가져야 한다. 그러한 원칙은 오로지 하나의 **공통감**으로 간주될 수 있을 것이다.[156]

공통감의 원칙이 개념이 아니라 감정을 통해서 "무엇이 만족스럽고, 무엇이 불만족스러운가를 (…) 규정해주는" 이유는 취미판단이 인식판단이 아니라 미적·감성적 판단

하다'의 의미이다. 이 동사의 의미는 앞에서 '무리한 요구를 하다'의 뜻으로 사용된 ansinnen, zumuten 등의 동사와 같은 맥락에서 이해할 수 있다.

[156] KU, 238. 괄호 안은 필자의 부연설명임.

이기 때문이다. 그럼에도 불구하고 공통감의 원칙은 이 규정에 있어서 "보편적"이어야 한다. 즉 취미판단으로 하여금 보편적 타당성을 가질 수 있게 만들어주어야 한다. 그럴 것이, 앞에서 논의한 것처럼, "공적"인 미적 취미판단은, "사적"인 감각적 취미판단과는 달리 보편타당성을 가져야 하기 때문이다. 이처럼 보편타당성이 취미판단의 필연적 조건이기에, 이 필연성의 근거조건인 공통감 또한 취미판단의 절대적인 전제이다.

> 그러므로 하나의 공통감이(우리는 이것을 외적인 감각이 아니라 우리 인식능력의 자유로운 유희의 결과로 이해하는 바) 있다는 전제 아래에서만, (…) 오로지 그러한 하나의 공통감의 전제 아래에서만 취미판단은 내려질 수 있는 것이다. (KU, 238)

위의 인용문에서 칸트가 공통감을 "외적 감각"이 아니라고 강조한 것은 이 공통감이라는 '감각(Sinn)'이 시각, 청각, 후각, 촉각처럼 외부의 대상을 지각하는 감각이 아니라, 주체 내부의 내적 감정이기 때문이다. 칸트는 이 감정을 "우리 인식능력의 자유로운 유희의 결과"로 이해하는 바, 이는 공통감이 대상에 대한 본래적 인식에 이르렀을 때의 만족, 또는 대상에 대한 관심 없는 만족, 즉 미적 체험 시의 미적 만족임을 말해준다. 또는 이 미적 만족에 수반되는 쾌감까지도 아우르는 감정일 수 있다. 공통감의 이러한 본성은 취미판단이 대상에 대한 객관적이며 개념을 매개로 하는 논리적인 인식판단이 아니라 주체 내부의 심성적 상태의 표현이라는 사실과 상응한다. 중요한 것은 공통감이 상상력과 지성 간 조화로운 상태를 기반으로 하는 "자유로운 유희의 결과"라는 사실, 즉 감성과 이성의 조화로운 상태라는 인간 본연의 본성에 근거한다는 사실이다. 이러한 맥락에서 공통감은 "다른 사람들 모두에게 전제될 수 있는 것"이며, 순수한 취미판단을 개개인의 사적 판단이 아니라 인류 전체의 공적인 판단으로 만드는 보편성의 원천, 즉 "보편적 법칙"(KU, 237)인 것이다. 하나의 취미판단에 대해 모든 사람이 찬동해야 하는 '필연성', 그래서 하나의 취미판단을 모든 취미판단에 대한 모범적 실례로 만들어 주는 필연성은 이처럼 '감정'에 근거하고 있다. 공통감이라는 이 감정이 취미판단의 보편성을 필연적으로 만들어 주는 "보편적 법칙"일 수 있는 것은 이 감정이 "사적 감정(Privatgefühl)"이 아니라 "공동체적 감정", 즉 "다른 사람들 모두에게 전제될 수 있는" '공적' 감정이기 때문이다.

> 우리가 어떤 것을 아름답다고 천명하는 모든 판단에서 우리는 누구에게도 다른 의견을 허용하지 않는다. 그럼에도 불구하고 우리의 판단은 개념이 아니라 오로지 우리의 감정에 기초하고 있다. 그러니 우리는 우리의 감정을 사적 감정이 아니라 공동체적 감정으로서 (판단의) 기저에 깔고 있는 것이다. 그러나 이러한 목적을 위해서는 공통감은 경험에 근거를 둘 수는 없다. 그럴 것이 공통감은 당위성을 함유하는 판단을 정당화하려 하기 때문이다. 공통감은 모두가 우리의 판단에 동의**할 것이라고** 말하지 않는다, 모두가 우리의 판단에 합치**해야 한다고** 말하는 것이다.[157]

그러나 이 공통감은, 이미 강조했듯, 경험적 현실을 벗

---

[157] KU, 239. 괄호 안은 필자의 추가 설명임.

어난, 그리고 아직은 현실적으로 가능하지 않은 "이념"일 따름이다. "취미판단이 **억지로 주장하는** 필연성의 조건은 공통감의 **이념이다**"[158]라는 20절의 표제는 이러한 맥락에서 이해할 수 있다. 그러나 공통감이 바로 비현실적이며 이상적인 이념이라는 사실은 공통감이 더 많은 비현실적이며 이상적인 요구를 함축하는 이유가 되기도 한다. 이 요구 중 대표적인 것이 감정의 "전달 가능성(Mitteilbarkeit)"이다. 그리고 취미는 이러한 관점에서 감정의 전달 가능성을 판단하는 능력으로도 규정될 수 있다.

> 사람들은 심지어 취미를, 하나의 주어진 표상에서의 우리의 감정을, 개념의 매개 없이, 보편적으로 전달할 수 있는지 아닌지 판단하는 능력으로 정의할 수도 있을 것이다. (KU, 295)

칸트가 취미판단과 결부하여 상정한 전 인류의 유토피아적 소통 가능성은 이 감정의 전달 가능성에 근거한다.

---

[158] KU, 237. 강조는 필자에 의한 것임.

(2) 공통감과 인류 공동체의 이상

칸트는 그가 말하는 공통감이 기본적으로 '감정'이라는 사실에 기초하여 일상적으로 사용하는 용어인 공통감과 자신의 공통감을 구분한다. 그의 공통감은 "사람들이 때로는 역시 공통감(Gemeinsinn, sensus communis)이라 부르는 일반적 상식[159]과는 본질적으로 구분된다는 것이다". 그것은 일상적 용어로서의 공통감이 "감정"이 아니라 "항시 개념에 따라서" 판단하기 때문이다(KU, 238). 그러나 공통감에 근거한 미적 판단이 감정에 따른 판단이라고 해서 이 판단이 지적이지 못하다는 견해는 성립되지 않는다고 칸트는 강조한다.

> 내 (…) 말하거니와, 취미는 건전한 지성보다 훨씬 더 정당하게 공통감(sensus communis)이라고 불릴 수 있다. 그리고 지적 판단력보다는 오히려 미적 판단력이 공

---

[159] 40절에서 칸트는 일상적 용어로서의 공통감을 "건전한 지성(der gesunde Verstand)"으로 표현한다. "일반적 상식"이나 "건전한 지성" 모두 일상적인 합리성을 근간으로 한다는 관점에서는 동일한 의미의 표현으로 볼 수 있다.

동체적 감각이라는 이름을 가질 수 있다, 감각(Sinn)이
라는 말을 심성에 끼친 순수한 성찰의 결과에 관해서
사용하려 한다면 말이다. 그럴 것이 이 경우 감각이란
말에서 사람들은 유쾌함의 감정을 이해하기 때문이
다. (KU, 295)

일반적인 의미에서 감정은 감각적인 것에 속한다. 취미
판단의 결과로서 판단 주체가 느끼는 유쾌함의 감정 역시,
그것의 생성 과정을 도외시하고 그 자체, 즉 "심성에 끼친
순수한 성찰의 결과"로서만 고찰된다면 물론 감각적인 것
이다. 미적 판단에서 판단 주체의 심성에 유쾌함의 감정을
불러일으키는 "순수한 성찰"은 물론 상상력과 지성 간의
'자유로운 유희'이다. 자유로운 유희를 통해 이 두 인식능
력이 서로를 활성화하고 촉진하며, 이 상호 활성화와 촉진
에 대한 의식이 유쾌함의 감정을 야기한다는 것은 앞에서
자세히 설명한 바 있다. 20절에서도 칸트는 공통감이 "외
적 감각"이 아니라 "우리 인식능력의 자유로운 유희의 결
과"로 이해되어야 한다고 강조한다(이상 KU, 238). 말하자면
공통감은 보편적인 '공동체적 인식'이 아니라 '공동체적

감정'인 것이다.

미적 판단에서의 공통감이 기본적으로 '감정'이라는 관점에서만 본다면 칸트의 이 공통감은 일상적으로 공통감이라 불리는 "건전한 지성"보다 "**감(각)**(Sinn, sensus)"[160]의 범주에 더 적합하다. 그럴 것이 건전한 지성은 "항시 개념에 따라서" 판단하는 바, '개념'은 감각의 영역에 속하지 않기 때문이다. 그러나 공통감은, 앞에서 논의한 바와 같이, 그저 감각적인 것은 아니다. 공통감은 '인간의 초월적 실체'에 기반을 둔 하나의 '이성이념'이기 때문이다. 칸트는 '공통감'의 '감'이 불러올 수 있는 오해를 피하기 위해서 역시 이 '감'으로 끝을 맺는, 그러나 결단코 감각적인 것으로 치부될 수 없는 몇 개의 개념을 예로 든다.

> 판단력의 성찰보다도 오히려 그 성찰의 결과만이 주목을 끌 때에는 사람들은 흔히 판단력에 어떤 감각의 이름을 붙여서 진리감, 예절감, 정의감 등등에 대해 얘기한다. 그러나 사람들은 물론 이러한 개념이 자리

---

[160] 강조는 필자에 의한 것임.

잡을 수 있는 곳은 감각이 아니라는 사실을, 그리고, 만약 우리가 감각을 넘어서서 더 높은 인식능력으로 올라갈 수 없다면, 우리의 생각 속에 진리, 예의바름, 아름다움 또는 정의에 대한 이러한 유형의 표상이 떠오를 수 없으리라는 사실을 알고 있다. (KU, 293)

말하자면 공통감은 "정의감"이나 "진리감"처럼 높은 수준의 성찰이 선행되고 전제된 판단력이다. 예를 들면 정의감은 '올바른 것이 무엇인가'에 대한 치열한 성찰의 결과로서 생성된 것이자 동시에 정의로운 것과 정의롭지 못한 것을 구분하는 판단력이기도 하다. 공통감 역시 인간 본연의 본성과 이 본성에 의거한 인간의 정체성, 그리고 이 정체성에 근거한 전 인류적 공동체의 가능성에 대한 사유와 성찰의 결과이자 동시에 전 인류적 공공성에 근거한 '공적인 것'과 오로지 개인적 개별성에 근거한 '사적인 것'을 구분하는 판단력인 것이다. 따라서 "정의감", "진리감" 그리고 "공통감" 등은 "우리가 감각을 넘어서서 더 높은 인식능력으로 올라갈 수" 있기 때문에 "우리의 생각 속에 떠오른" "표상"이다. 이들은, 비록 끝에 "감(각)"이라는 글자를 달고 있으나, 높은 수준의 이성적 "성찰"이 선행된 이성개념인 것이다.

공통감이, 앞에서 논의한 바와 같이, 인간 모두에게 해당되는 공적인 것과 그렇지 못한 사적인 것을 구분하는 판단력으로 정의될 수 있다면, 이 공통감은 모든 사람에게 전달될 수 있는 것과 특정한 사람들 또는 단체 안에서만 소통 가능한 것을 구분하는 판단도 할 수 있을 것이다. 그것은 인류 공동체적 공공성을 지닌 공적인 것만이 **보편적으로 전달될 수**"(KU, 295) 있기 때문이다. "공통감의 한 유형으로서의 취미"[161]에 대한 논의에서 칸트는 인식판단의 전달 가능성과 취미판단의 전달 가능성이 어떻게 다른지 설명한다. 인식판단이 대상의 표상을 '개념'으로 전달하는 반면에, 취미판단은 이 표상을 "감정"으로 전달한다.

> 그들의 생각을 전달하는 인간의 숙련성 또한, 개념에는 직관을 그리고 직관에는 다시금 개념을 덧붙여 이들을 하나의 인식으로 합류시키려면, 상상력과 지성

---

[161] KU, 293. 40절의 표제.

의 관계가 필요하다. 그러나 그럴 경우 두 심성 능력의 부합은 **법칙적**이며, 특정한 개념의 강요 아래 있다. 오로지 자유로운 상태의 상상력이 지성을 일깨우고, 지성이 개념 없이 상상력을 규칙적인 유희에 처하도록 할 때에만 표상은 생각이 아니라 심성의 합목적적 상태의 내적 감정으로서 전달되는 것이다. (KU, 295/6)

인식판단도 분명히 판단의 보편성을 가지고 있다. 그러나 이 보편성은 대상의 개념을 매개로 성립된 것이다. 그러기에 인식판단의 보편성은 객관적이며 논리적이다. 바로 이러한 이유로 해서 인식판단의 보편성의 근거가 되는 "건전한 지성"은 취미판단의 보편성의 근거가 될 수 없다. 그것은 주관적이자 감성적인 취미판단은 논리적인 인식판단과 근원적으로 구분되기 때문이다. 이러한 이유로 해서 공통감은 "공동체적 감정"(KU, 239)으로서만 취미판단의 보편성을 확립해주는 '원칙'이 될 수 있다. 취미판단이 본질적으로 "미적·감성적"이라는 규정, 즉 "그 무엇이 아름답고 아름답지 않은가를 구분하기 위해서 우리는 그 표상을 인식의 목적으로 지성을 통해 객체와 연관시키는 것이 아니라, 상상력을 통해 (…) 주체와 주체의 유쾌함과 불쾌함의 감정과 연관시킨다"(KU, 203)라는 규정적 선언은 칸트의 『판단력 비판』을 일관하는 원칙이다.[162]

인식판단은 "생각", 즉 대상(표상)의 개념화된 인식을 보편적으로 전달할 수 있다. 반면에 취미판단은 대상(표상)이 '아름답다'라는 판단을 "내적 감정"으로서 전달한다. 동일한 대상에 대한 판단에서 '인식'으로 전달되는 개념이 대상에 대한 제한되고 왜곡된 인식임을, 그리고 "감정"으로 전달되는 미적 판단이 대상을 전체적으로 포괄하는 "본래적 인식"임은 앞에서 이미 자세히 논의했다.[163] 위의 인용문에 나타난 "심성의 합목적적 상태"는 인식능력의 자유로운 유희의 결과로서 나타난 상태, 즉 심성의 본래적 인식에 대한 합목적적 상태인 바, 이 본래적 인식이 미적 체험이자 동시에 미적 만족임은 이미 논의한 바와 같다.

---

[162] 칸트가 취미를 "미적·감성적 공통감(seusus communis aestheticus)"으로, 그리고 "건전한 인간지성"을 "논리적 공통감(sensus communis logikus)"으로 칭한 것은 바로 이러한 맥락에서이다(KU, 295).

[163] 이 책 57쪽을 참조할 것.

이는 공통감에 의거하여 취미판단이 전달하는 '감정'은 순전히 감성적인 것은 절대 아니라는 것을 의미한다. 전달되는 미적 감정에는 개념적 인식과는 본질적으로 전혀 다른 높은 수준의 인식이 내포되어 있기 때문이다. 그리고 공통감이 오로지 "우리 인식능력의 자유로운 유희의 결과"(KU, 238)로서 이해되어야 한다는 칸트의 강조, 또 상상력과 지성 간의 자유로운 유희가 감성과 이성이라는 인간 본성이 조화와 균형의 상태에 있을 때에만 가능하다는 칸트의 논지를 고려해보면, 취미판단이 전달하는 미적 체험으로서의 감정은 인간 본연의 본성에 의거한 보편성을 지니고 있음이 분명해진다. 이 본연의 본성에 벗어나는 것은 어떠한 것이든 보편성을 가질 수 없는 '사적'인 것이다. "취미는 주어진 표상과 (개념의 매개 없이) 결합된 감정의 전달 가능성을 선험적으로 판단하는 능력이다"(KU, 296)라는 취미의 정의는 이러한 맥락에서 이해할 수 있다. 요컨대 취미는, 예를 들면 쾌적한 것에 대한 만족처럼 '사적'인 감정과, 미적 만족 같은 전 인류적 공공성을 지닌, 그래서 보편적으로 전달이 가능한 감정을 구분하는 능력인 것이다. 이런 관점에서 보면 취미판단이 요구하는 판단의 보편성은 모든 사람에게 인간 본연의 본성에 근거한 공통감을 가질 것을, 그래서 자신만의 특별한 "사적 조건(Privatbedingungen)"(KU, 295)을 벗어나 인류 공동체에 참여하라는 요구이기도 하다. 칸트가 "공통감"이라는 말이 "하나의 **공동체적** 감각의 이념", 즉 "다른 모든 사람의 표상방식을 자신의 사유 안에서" 고려하며, 그렇게 함으로써 자신의 "주관적인 사적 조건"을 넘어서서 자신의 판단을 "이를테면 전체 인류의 이성에 의거하는" 그러한 판단으로 만들어가는 능력의 이념이어야 한다고 강조한 사실도 이러한 맥락에서 이해되어야 한다.[164]

지금까지 논의한 대로 보편적 타당성을 갖추려면 취미는 비록 그 본성이 주관적이며 감성적이나, 그래도 하나의 원칙을 가져야 한다. 그래야만 취미판단의 보편성은 원칙에 의거한 '필연성'을 가질 수 있는 것이다. 비원칙적 필연성은 있을 수 없으며, 필연적이지 못한 보편성은 많은 예외

---

[164] KU, 293을 참조할 것.

를 인정해야 하는 '상대적' 보편성으로 전락하기 때문이다. 말하자면 상대적 보편성은 사실상 더 이상 '보편적이지 못한' 보편성인 것이다. 따라서 취미판단의 보편성이 필연적이지 못하고 상대적인 것이라면 취미판단은 더 이상 전 인류적 공공성에 근거한 "공적" 판단이 아니라 개개의 판단자들이 자신만의 특별한 "사적 조건"을 배경으로 내리는 "사적 판단"이 될 것이다.

칸트가 이 원칙을 공통감으로 규정하고 있음은 이미 상세히 설명했다. 말하자면 공통감은 취미판단이 보편성을 가지기 위한, 그리고 이 보편성이 필연적인 것이 되는 데 절대적인 전제조건이다. 그러나 칸트는, 지금까지의 설명에서 분명하게 드러나듯, 이 대전제에서부터 출발하여 취미판단의 보편성과 필연성을 설명하지 않았다. 오히려 역으로 취미판단의 당위적 본성, 즉 필연적 보편성을 가져야 한다는 본성에서 출발하여 공통감의 이념을 취미판단의 전제로서 사유(思惟)해 낸 것이다.

그러나 칸트는 공통감을 "순전히 하나의 이상적 규범"으로 규정한다. 공통감의 실재적 현실성에 대해서 강한 의

문과 회의를 표명한 것이다.

> 그러므로 공통감은 (…) 순전히 하나의 이상적 규범이다, 이 규범을 전제로 사람들은 이 규범과 부합하는 판단과 그 판단에서 표현된 어떤 객체에 대한 만족을 정당하게 모든 사람에게 규칙으로 만들 수도 있을 것이다. 왜냐하면 이 원칙은 단지 주관적이나, 그럼에도 불구하고 주관적·보편적인 것(모든 사람에게 필연적인 이념)으로 받아들여진다면, 다양한 판단자의 일치된 합일에 관해서는, 객관적인 원칙과 마찬가지로, 보편적인 동의를 요구할 수도 있을 것이다, 다만 사람들을 이 원칙 아래 올바르게 포섭했다고 확신한다면 말이다. (KU, 239)

위의 칸트 인용문에서 우선 주목해야 할 사항은 중요한 부분에서 비현실성을 강조한 것이다. 첫 문장의 "규칙으로 만들 수도 있을 것이다"와 두 번째 문장에서의 "보편적인 동의를 요구할 수도 있을 것이다"에서의 "할 수도 있을 것이다"는 모두 동사 könnte의 번역인 바, 이 동사는 '할 수 있다'라는 의미의 können(영어의 can)의 접속법 2식형이다. 그리고 독일어에서 접속법 2식 동사는 가상적이며 비현실적인 상황을 나타낸다. '날개가 있다면 날 수 있을 것이다'라는 비현실적 긍정문이 현실화법으로 바뀌면 '날개가 없어서 날 수 없다'라는 부정문이 되는 식이다. 말하자면 칸트는 두 차례 'könnte'를 사용하여, 사람들이 하나의 판단을 '모든 사람에게 규칙으로 만들 수 있는', 그리고 다양한 판단자의 '보편적인 동의를 요구할 수 있게 하는' 원칙으로서의 공통감이 과연 실재하는가에 대해 강한 의구심을 나타내는 것이다. 더욱이 의문시 되는 두 문장의 현실적 가능성은 "다만 (…) 확신한다면 말이다(nur sicher wäre)"라는 조건이 전제되어 있는 바, 이 조건문의 동사 "wäre"역시 동사 sein(영어의 be 동사)의 접속법 2식형이다. 말하자면 이 조건문 또한 '올바르게 포섭했는지'에 대한 강한 의구심을 나타내고 있다. 어느 칸트학자의 말대로 이러한 문장 형태는 "그 어떤 주제넘은 짓거리, 그 어떤 억지 주장" 등이 활개치고 있음을 강하게 암시하는 것이다.[165]

사실 거의 모든 칸트의 공통감 규정에는 짙은 불확실성

---

[165] Wenzel, p. 113.

의 암시가 자리하고 있다. 예를 두 개만 들어보기로 한다.

그러한 원칙은 오로지 **공통감**으로 간주될 수 있을 것이다. (KU, 238)

취미판단이 (억지로) 주장하는 필연성의 조건은 공통감의 이념이다.[166]

첫 문장의 "간주될 수 있을 것이다(könnte (…) angesehen werden)"는 동사 könnte를 통해, 두 번째 문장은 '억지로 주장하다', '근거 없이 내세우다' 등의 의미가 있는 동사 vorgeben을 통해 공통감이 비현실적이며 따라서 공통감을 내세우는 것은 현실적으로 무리한, 그래서 '억지 주장'의 성격이 짙은 요구임을 암묵적으로 밝히고 있다. 칸트가 많은 접속법 2식 동사의 사용, 기타 회의적인 의미의 단어들을 사용한 것은 이 원칙의 현실적 부재에 대한 인식에서 연유한다. 이 공통감의 원직은 모든 인간에게 존재하는 것

---

[166] 20절의 표제. 괄호 안은 필자의 추가 설명임.

이 아니라 이제 존재하도록 만들어야 하는 것이다. 즉 공통감은 지금의 현실에 비추어보아서는 "순전히 하나의 이상적 규범"(KU, 239)인 것이다. 그리고 '이상'은 미래에서의 요구이기도 하다.

> 과연 경험을 가능하게 하는 구성적 원칙으로서 그러한 공통감이 실재하는가, 아니면 이성의 더 높은 원칙이 무엇보다도 먼저 우리 안에 더 높은 목적을 위한 공통감을 생성해냄을 우리의 규제적 원칙으로 삼은 것인가, 그러니 취미가 원래적이며 자연적인 능력인가, 아니면 앞으로 이루어내야 할 인위적인 능력의 이념일 따름인가, 그래서 보편적인 동의라는 무리한 요구를 하는 취미판단이 사실은 그저 그러한 심성의 일치를 만들어내라는 이성의 요구일 따름인가, 그리고 당위성, 즉 모든 사람의 감정이 각각의 사람들의 특별한 감정과 합류해야 한다는 객관적 필연성은 그저 그러한 감정이 합일될 수 있다는 가능성을 의미할 따름인가, 그리고 취미판단은 이러한 원칙 적용의 한 실례를 제시할 따름인가(…). (KU, 240)

위의 긴 인용문은 칸트 미학의 이상주의적 성향을 분명

하게 보여준다. 공통감이 경험적 원칙인지 아니면 이성의 요구인지, 이 공통감을 전제로 하는 취미가 인간에게 원천적으로 주어진 능력인지 아니면 인간이 노력을 통해 앞으로 창조해내야 하는 능력인지, 또는 공통감의 존재가 필연적인 것인지 아니면 그저 가능한 것인지 등의 물음에 칸트는 직답을 피하고 있다. 그러나 전체적인 문맥은 공통감이 경험적 현실이 아니라 미래에 충족되어야 할 이성의 요구라는 것을 암시하고 있다. 공통감, 그리고 그것의 근거가 되는 인간 본연의 본성, 즉 이성과 감성의 조화로운 상태는 인간의 "원래적이며 자연적인 능력"일 수도 있을 것이며, 그래서 '모든 사람에게 전제될 수 있는 것'일 수도 있다. 그러나 이 공통감은, 그 원인이 무엇이든, 지금의 현실에서는 모든 사람에게 전제될 수 있는 것이 아니다. 다시 말하면 공통감은 미래에 구현되어야 할 이상이며, 이 이상의 추구는 "이성의 더 높은 원칙"에 의거한 "이성의 요구"인 것이다.

 이러한 맥락에서 보면 공통감이라는 "모호한 규범"을 실지로 전제해서 내려지는 "취미판단"은, 현실의 여건에 비추어 보면, "우리의 주제넘은 짓"임이 분명하다(이상KU, 239). 그러나 이는 역으로 모든 순수한 취미판단이 유토피아적 요소를 내포하고 있음을 의미한다. 그것은 이 판단에서 공통감은 '이념'으로서가 아니라 '현실'로서 실재하는 것으로 전제되기 때문이다. 비록 이 전제가 '무리한 요구'이자 '억지 주장'이라고 할지라도 말이다. 실제로 행해지는 취미판단에 있어서는 공통감은, 판단의 주체가 대상에 대한 모든 이해관계적 관심이나 목적론적 시각에서 자유롭다는 것을 전제로 해서는, "순전히 하나의 이상적 규범"이 아니라, 비록 주관적이지만, 보편적인 원칙으로 그래서 '객관적 원칙'과 마찬가지로 실제적 작용을 할 수 있기 때문이다. 취미판단과 이 판단에서 연유하는 미적 체험은 미래의 이상적 상태를 선취한 것이다. 이러한 관점에서 보면 모든 취미판단은, 아직은 개개의 판단자에 의해서 산발적으로 도달할 수밖에 없는 이 이상적 상태가 마침내는 보편적인 것이 되어야 한다는 요구의 표현일 것이다.[167]

---

[167] Scheible, p. 163 참조.

V

칸트 미학과 이상주의적 현실비판[168]

1. 유용론적 사유와 정관적 미적 체험

칸트의 미학이 '오로지 미에 대한 논의'가 아니라 현대의 시대적 현실에 대한 광범위한 비판적 성찰의 장이라는 명제는 처음부터 이 연구서를 일관하는 시각이었다.[169] 칸트의 미학에 대한 지금까지의 조망은 이 명제에 어느 정도 해석적 근거를 확립해준 것으로 생각된다. 칸트가 아름다

---

[168] 이 장에서의 계몽주의의 부정적 현상에 대한 논의는 대부분 저자의 저서 『예술의 자율성과 부정의 미학』, 연세대 출판부, 1998. pp. 31~61의 내용을 참조한 것임.

[169] 서론 참조.

움의 판단 기준으로 규정한 "관심 없는 만족"이나 "목적 없는 합목적성", 그리고 전 인류적 공동체 성립 가능성의 근거로 내세운 "공통감"의 이념은 "모든 것이 모든 것으로부터 분열된 사회", "유용성이 커다란 우상이 되었고, 모든 힘과 모든 재능이 이 우상을 섬겨야 하는"[170] 현대의 시대적 현실에 대한 치열한 비판으로 해석될 수 있기 때문이다.

"관심 없는 만족"과 "목적 없는 합목적성"은 무엇보다도 오로지 합리성에 매몰된 계몽사상, 그래서 유용론적, 도구적 이성으로 타락한 계몽적 사유와, 이 사유에 바탕을 둔 현대의 자본주의적 시민사회에 대한 경고와 비판으로 해석될 수 있다. 모든 것을 목적-수단의 관점으로 보는 도구적 이성이 지배하는, 그리고 이윤추구의 극대화를 존재의 원칙으로 삼은 자본주의적 사회에서 이러한 삶의 원칙에서 자유로운 아름다움의 영역은 한편으로는 일종의 오아시스 같은 휴식처 역할, 다른 한편으로는 현실의 부정적 모습이 그대로 반영되는 거울의 역할을 하기 때문이다.

---

[170] 김수용, 쉴러, pp. 57 참조.

모든 유용론적 사유는 계산적 이성, 하버마스의 부정적 표현에 따르면 "타산적 지성(kakulierender Verstand)"[171]을 근거로 이루어진다. 그러기에 사유가 오로지 유용성 추구를 목적으로 하면, 그래서 극도의 유용론적 성향을 띠게 되면, 그 바탕을 이루는 이성은 비판적 성찰의 능력과 논리적 인식의 능력을 상실하게 된다. 즉 이성이 오로지 타산적이 되면, 사유는 유용성 추구에만 몰두할 뿐, 그 어떤 다른 가치도 인정하지 않게 되는 것이다. 따라서 유용론적 사유가 지배적인 곳에서는 사람들은 눈앞의 현실적 이익추구에만 급급할 뿐, 직접적으로 이용할 수 없는 것들은 모두 배척당하기 마련이다. 인간적인 위대함, 아름다움의 표현인 예술, 미래에 대한 원대한 이념 등은 '쓸모없는' 것으로서 아무런 가치도 지니지 못한다. 사람과 사람의 관계, 사람과 주변 세계와의 관계는 철저한 계산의 원칙에 의해서 결정되며, 사회는 냉랭해지고 삭막해진다. 18세기 독일의 대표적 시성 중 하나인 카를 필립 모리츠의 다음 글은 이러한 유

---

[171] Habermas, 1983, p. 410.

용론적 사고가 팽배한 사회현실에 깊은 불안과 우려를 표현한 것이다.

> 지배적인 유용성의 이념은 점차로 고귀하고 아름다운 것들을 몰아내고 있다. 사람들은 위대하고 숭고한 자연조차도 상업적인 눈으로 관찰하고 있으며, 자연의 생산물의 수익을 계산할 때만 자연에 대한 관찰을 흥미로운 것으로 생각한다.[172]

독일 낭만주의 시인인 노발리스는 이처럼 메마른 시대적 상황을 "산문적(散文的)"이라는 말로 특징지었다.

> 지금의 하늘과 지금의 땅의 산문적 성격. 유용성 세계의 시대.[173]

쉴러의 드라마 『강도들』에서 주인공 카를 모어가 자신

---

[172] Karl Philipp Moritz: Das Edelste in der Natur. K. P. M., Werke in 2 Bdn., Berlin/Weimar 1981, Bd. 1, p. 226.

[173] Novalis: Schriften. Die Werke Fr. v. Hardenbergs. Hrsg. v. P. Kluckhohn u. R. Samuel, Stuttgart 1960ff. Bd. 3, p. 312.

의 시대를 "잉크로 얼룩진 세기"[174]로 부른 것도 이렇게 삭막하게 계몽된, 눈앞의 이익에 혈안이 된 시대에 대한 증오에서이다.

사유가 오로지 유용성 추구에 집중될 때, 그리고 이성이 오로지 '타산적'일 때, 계몽은 가장 추한 형태로 타락한다. 삶은 피폐해지고, 사람들은 자본주의적 생존 경쟁에 가차 없이 내몰리게 된다. 그러나 계산적 이성을 매개로 한 유용론적 사유는 세계의 '산문화' 이외에도 또 다른 끔찍한 결과를 초래할 수 있다.

이성이 어떤 목적을 달성하는 데만 집착해서 이 목적을 위한 맹목적인 도구가 되면, 그래서 "도구적 이성(Instrumentelle Vernunft)" 또는 "목적이성(Zweckrationalität)"[175]으로 자신을 전락시키면, 이 이성을 매개로 한 사유는 모든 인간적 성격을 잃어버리고 기계화된다. 그럴 것이 이 목적이성은 이루려 하는 목적에 대해, 그리고 취하려 하는 방법에 대해

---

[174] Friedrich Schiller: Sämtliche Werke. Hrsg. v. G. Fricke u. H. G. Göpfert, 5 Bde, Bd. 1, p. 503.
[175] Habermas, p. 410.

비판적 성찰의 능력을 갖지 못하기 때문이다. 이 이성에 중요한 것은 어떻게 하면 가장 유용한 수단을 계산해 내는가 하는 문제이지 이 목적이나 수단의 도덕적 가치가 아니다. 따라서 사유는 도덕적 의구심으로 인한 어떠한 망설임도, 그리고 인간적 가치 판단으로 인한 어떠한 내면의 갈등도 없이, 오로지 효율성의 원칙에 따라 기계처럼 굴러간다. 즉 사유는 "저절로 진행되는 자동적 과정으로 물화(物化)"[176]되며, 이성은 "내용을 상실한 형식"[177]으로 전락하는 것이다.

계몽주의를 비판하는 많은 사람은 이성이 목적이성으로 타락한 데에서 18세기 유럽 계몽주의가 부정적으로 발전한 결정적 원인을 찾고 있다. 합리화의 이름을 내걸고 유용론이 지배적인 위치에 자리 잡은 것이 부르주아 사회가 비인간적으로 발전하는 출발점을 이루었다는 것이다. 롤프 그리밍어 같은 학자는 계몽주의가 유용론적 합리성으로

---

[176] Horkheimer/Adorno, p. 31.
[177] Rolf Grimminger(1990), S. 53.

변질된 데에서 이 사상의 정치적인 비극이 시작되었다고 진단한다. 왜냐하면 절대주의 국가의 부당한 권력에 항거하는 싸움에서 계몽주의는 자신의 정치적인 이상(즉 자신의 목적)을 실현하기 위해서 모든 가능한 수단을 사용했고, 그럼으로써 자신의 순수성을 상실했기 때문이다. "음모에서 살인까지 계몽주의는 자신이 극복하려 한 상대방의 부정함 속으로 속절없이 빠져 들어간 것이다."[178] 호르크하이머와 아도르노 역시 공저(共著)인 『계몽의 변증법(Dialektik der Aufklärung)』에서, 이성이 도구화함으로써, 그래서 타산적 지성으로 전락함으로써, 계몽이 가능하게 했던 휴머니티를 스스로 파괴해버렸음을 강조한다.[179]

칸트가 『판단력 비판』 집필 과정에서 이러한 모든 계몽의 부정적 현상을 염두에 두었는지는 확인할 수 없다. 그러나 그의 미학 이론이 개진하는 미적 반성과 미적 영역의 본성은 계몽의 부정적 현실에 대한 분명한 부정이다. 그럴

---

[178] Grimminger, p. 54.
[179] Habermas, p. 409 참조.

것이 칸트가 아름다움을 규정하는 첫 번째 근거인 '관심 없는 만족'은 자연의 모든 대상을 유용론적 시각으로 바라보는 이해타산적 관심에서 벗어날 것을, 그리고 '목적 없는 합목적성'은 자연의 대상들을 수단-목적의 관점에서 보지 말고 그 자체의 목적으로 존중할 것을 분명하게 요구하기 때문이다. 이러한 요구가 충족되면 사람들은 '모두와 모두의 싸움'이라는 자본주의 사회에서의 숨 막히는 생존경쟁에서 벗어나 '아름다운' 대상들을 '정관(靜觀)'하며 '유유자적(悠悠自適, weilen)'할 수 있다는 것이다.

칸트는 '어떻게 이러한 체험으로서의 미적 반성이 가능한지?' 하는 의문도 집중적으로 분석하고 있다. 그리고 이 의문에 그가 찾은 해답은 인간의 인식능력인 상상력과 지성의 '자유로운 유희', 더 나아가서는 이 유희의 근본을 이루는 감성과 이성의 조화와 균형이다. 인간의 본성이 '오로지 동물적이지도, 오로지 이성적이지도 않다'는 칸트적 대전제에서 본다면 인식능력들의 자유로운 유희는 인간 본연의 본성에 근거한다. 따라서 미적 체험이 가능하려면 인간은 자신의 본연의 본성으로 돌아와야 한다. 말하자면 감성에도 이성에도 치우쳐서는 안 되는 것이다. 감성이나 이성의 어느 한쪽으로 치우치면 사람들은 인간 본연의 정체성을 잃고 '사적 존재'로 살아야 한다는 것은 앞에서 이미 자세히 설명했다. 인간으로 하여금 미적 체험을 가능하게 하고, 그로 하여금 유용론적 사유가 횡행하는 일상적 삶의 현실에서 벗어나 아름다움 속에서 유유자적하는 삶을 살 수 있도록 하는 것은 인간적 본성의 회복인 것이다. 이 본성 회복이 칸트 미학에서 '자유로운 유희'와 '공통감'의 이중 개념으로 그렇게 중요시되고 그렇게 강조되고 있음은 이 본래적 본성을 상실해가고 있는, 아니면 이미 상실해버린 현대 사회에 대한 칸트의 경고이자 그의 위기의식의 표현으로 해석될 수 있을 것이다.

2. 개념적 인식과 '본래적 인식'

칸트의 미학 이론이 당시의 잘못된 계몽, 합리성에만 매몰되어 "계산적", "수학적"으로 편향된 계몽, "전체에 대한 사유"[180]를 할 수 없는 반쪽짜리 계몽을 '계몽'하려는 하나의 시도라는 사실은 앞의 서론에서 이미 논의했다. 칸트에 따르면 이러한 편향된 계몽적 현상이 가장 뚜렷하게 나타나는 분야는 근대의 물리적 자연과학이다. 그것은 근대의 자연과학이 "전체"를 사유할 수 없기에 "물자체(物自體, Ding an sich)"는 보지 못하며, 그저 개별적 현상의 개별적 인과관계만을 인식할 수 있기 때문이다.

근대 자연과학의 기본을 이루는 것은 '논리적 사유'이다. 그리고 이 논리적 사유는 '자율적 사유'와 더불어 18세기 유럽 계몽 운동의 양대 축을 구성하는 사유 형태이다. 자율적 사유가 사유에 있어서 모든 후견을 거부하는, 그래서 주어진 사유 규범에서의 해방을 강조하는 '독립적' 사유인 반면에, 논리적 사유는 진리 추구를 목적으로 한다. 말하자면 논리적 사유에 있어서는 사유의 자율성이 아니라 사유의 결과로 얻어진 인식과 결론이 논리적 구조를 지니고 있는지, 그래서 이 인식과 결론이 논리적으로 입증되고 정당화될 수 있는지 여부가 중요한 것이다.[181] 인식으로

---

[180] Marquard, p. 237.

서의 하나의 결론이 완전한 논리적 정당성이 입증된다면, 그리고 이 결론이 어떤 예외도 허용되지 않는 일반성과 법칙성을 가질 수 있다면, 사유는 하나의 진리 창출에 성공한 것이다.

논리적 사유는, 무릇 모든 사유가 그러하듯, 사유의 주체와 그 대상인 객체 간의 분리를 전제로 한다. 그럴 것이 대상에 일정한 거리를 두지 않고서는 사유는 불가능하기 때문이다. 사유의 이러한 불가결한 전제로 인해 사유를 절대적인 수단으로 하는 계몽은 인간과 세계, 정신과 자연의 근원적인 분리를 초래할 수밖에 없었다. 사유의 주체로서 인간은 이제는 사유의 객체로서만 의미를 지니게 된 자연과의 합일을 상실하게 되었으며, 호르크하이머와 아도르노의 표현대로 "존재하는 것들 사이의 다양한 친화적 관계는 이제 의미를 부여하는 주체와 의미를 상실한 객체 간의

---

[181] 베셀스(H.-F. Wessels)는 계몽주의의 두 개의 사유의 모델로서 밝고 명확한 개념의 필연성을 강조하는 "명확한 사유(Helldenken)"와 사유에 있어서 모든 기성 권위를 인정하지 않는 "독립적 사유(Selbstdenken)"를 든다. 이에 대해서는 Wessels, p. 14를 참조할 것.

단일 관계, 논리적인 의미와 그 의미의 우연한 운반체 간의 단일 관계에 의해"[182] 밀려나게 된 것이다. 하버마스가 계몽의 과정이 "인간세계의 탈자연화와 자연의 탈사회화로"[183] 진행된다고 설명한 것은 바로 이러한 관점에서이다.

사유의 주체가 의미를 부여하는 행위, 즉 논리적 의미의 창출이라는 능동적인 행위를 하는 반면, 사유의 객체는 단순히 부여된 논리적 의미의 "우연한 운반체"라는 피동적 역할에 머물러 있다는 표현은, 사유에 있어서, 특히 인식과 결론을 추구하는 논리적 사유에 있어서, 양자 간의 관계가 어떠한 것인가를 잘 보여준다. 주체는 사유의 논리성을 수단으로 하여 자체로서는 의미를 상실한, 그래서 무질서와 혼란의 상태에 있는 객체인 자연을 질서 있는, 즉 논리적인 체계로 정돈하려 시도한다. 이를 통해서 자연은 주체가 구성한 의미체계의 운반체가 되며, 논리적 사유는 이 의미체계를 이것이 가진 논리성을 근거로 진리라고 드러내려 한

---

[182] Horkheimer/Adorno, p. 16.
[183] Habermas, p. 414.

다. 즉 논리적 사유를 통해서 구성된 체계와 진리가 동일시 되는 것이다.[184] 이러한 과정에서 체계화의 대상인 자연이 논리적 사유의 주체인 인간의 철저한 지배대상이 될 수밖에 없음은 자명한 일이다. 쉴러는 그의 『미학 편지』에서 이 관계를 다음과 같이 설명한다.

> 관찰(성찰)은 인간이 자신을 둘러싼 세계에 대해서 가지는 첫 번째 자유로운 관계이다. (…) 인간이 자연에 대해 사유하기 시작만 하면, 그는 자연의 노예에서 자연의 입법자로 바뀐다. 이전에 그를 오로지 힘으로 지배하던 자연은 이제 인간의 판단하는 시선 앞에 대상으로 서 있게 된다.[185]

사유하고 인지하며 파악하는 주체와 그 대상인 객체와

---

[184] 이러한 관점에서 보면 "우리는 세계를 **인식**하는 것이 아니라 **구성**하는 것이다" 등의 결론을 높이 치켜든 구조주의(Konstruktivismus), 또는 "텍스트 이외에 존재하는 것은 아무 것도 없다"라는 결론을 기본으로 하는 해체주의(Dekonstruktivismus) 모두 계몽주의적 논리적 사유의 연장선상에서 이해되어야 할 것이다. Eibl, p. 2 참조.

[185] F. Schiller: Sämtliche Werke. Hrsg. v. G. Fricke u. H. G. Göpfert, 5 Bde., München 1965, Bd. 5, p. 651.

의 관계가 '지배-피지배' 관계일 수밖에 없다는 사실은 젊은 시절 헤겔이 계몽에 대해 가지고 있던 기본적인 생각이기도 하다.

파악하는 것은 지배하는 것이다.[186]

이러한 관점에서의 계몽은 자연에 대한 인간의 완전한 지배를 의미한다.

그렇다면 논리적 사유에 의한 자연의 체계화는 어떻게 이루어지는가? 이 체계화를 통해 자연에 주어지는 질서는 어떠한 성격의 것인가?

사유하는 주체는 객체를 성찰하여 얻은 인식을 언어로서 표시한다. 말하자면 객체의 독립적이며 직접적인 존재가 이념적인 상(像)으로, 즉 언어적인 기호로 변환됨을 의미한다. 만프레드 프랑크의 표현을 빌리자면 "말(Logos)은 대상물을 존재로서는 사멸시키나 의미로서는 부활시킴으

---

[186] Hegels theologische Jugendschriften. Hrsg. v. H. Nohl, Tübingen 1907, p. 376.

로써 이 말 없는 대상물의 침묵을 깨뜨리는"[187] 것이다.

논리적 사유의 대상물은 언어적 기호로 추상화되는 과정에서 자신의 존재의 물리적 직접성만 박탈당하는 것이 아니다. 로고스는 우주에 존재하는 무수히 많은 고유한 개별적 존재를 정돈하고 체계화함으로써 이 근원적인 아나키 상태에 질서를 부여하려는 본성을 가지고 있다. 따라서 언어적 추상화는 필연적으로 일반화의 성향을 지니게 된다. 그래서 이 추상화의 과정은 대상물의 존재의 고유성이 상실되는 과정이기도 하다. 예를 들어 "나무"라고 불리는 무수히 많은 대상물 중 완전히 똑같은 나무는 한 쌍도 존재하지 않는다. 그럼에도 이들은 모두 '나무'라는 언어적 기호로 추상화됨으로써 그들만의 개별적 고유성을 상실하는 것이다.

이러한 추상화의 고유성 박탈은 논리적 사유가 좀 더 광범위한 대상물들을 하나의 기호로 통합하려 할 때 더욱 신

---

[187] Frank, p. 15. 프랑크에 따르면 언어는 어느 의미에서는 대상에서의 이러한 거리로 인해 존재한다.

화된다. 그것은 종(種)과 유(類)로의 추상화 과정에서 대상물을 이루는 무수히 많은 서로 다른 요소(칸트의 용어로는 '다양한 것') 중 기호적 통합에 적합하지 않은 요소는 무시당하기 때문이다. 이 대상물들을 하나의 기호로 묶는 데 중요하다고 논리적으로 판단된 요소들만 기호화에 포함되며, 이렇게 해서 생성된 "언어적 표식"이 바로 "개념"이다.[188]

개념으로의 추상화가 이처럼 개개의 고유한 대상물에서 공약수가 될 수 없는 모든 것을 잘라내 버리기 때문에, 그리고 그 결과로서 자연 안의 모든 것을 "반복될 수 있는 것"으로 만들기에, 개념화는 대상물에는 "해체 작업"이나 다름없이 작용한다.[189] 이렇게 본다면 논리적 사유를 통한 우주의 질서 창조, 달리 표현하자면 개념을 통한 대상물의 체계화는 획일화를 의미하며, 대상물들의 현실적 고유성이 희생된 위에서만 이루어질 수 있다. 호르크하이머와 아

---

[188] Historisches Wörterbuch, Bd. 1, Sp. 787(Artikel "Begriff").
[189] Horkheimer/Adorno, p. 19.

도르노의 표현을 따르자면 "조작된 집합체의 통일성은 모든 개별적인 것을 부정하는 데 그 본질을 두고 있다."[190] 쉴러는 언어와 대상과의 이러한 부정적 관계를 좀 더 직접적으로 표현한다.

> 말이란 유(類)나 속(屬)에 대한 추상적 기호일 뿐, 결코 개별자에 대한 기호는 될 수 없다.[191]

논리적 개념이 모든 상대적 제약을 벗어나 절대적인 진리가 되기 위해서는 개념은 자신의 의미가 내포하는 모든 대상물과의 완전한 동질성(Identität)를 가져야 한다.[192] 그러나 지금까지 보아온 대로 이 진리가 비논리적 현실의 희생을 강요하기에, 즉 이 동질성이 인위적으로 조작된 것이기

---

[190] Horkheimer/Adorno, p. 19.
[191] Körner에 보낸 1793년 2월 28일자 쉴러의 편지.
[192] 이러한 동질성(Identität)이 비동질적인 것(das Nichtidentische)의 절멸, 다시 말하면 모든 특수한 것, 모든 개별적인 것의 부정 위에서 인위적으로 조성된 것이라는 인식을 아도르노는 그의 『부정의 변증법(negative Dialektik)』에서 "동질성의 사유(Identitätsdenken)"라 부른다.

에, 개념에서, 아니면 개념화를 통해서, 진리를 창출하려는 논리적 사유의 계몽은 결국 하나의 도그마일 수밖에 없다.[193] 이러한 계몽의 진리 조작을 괴테(Johann Wolfgang Goethe)는 그의 『허구와 학문에 대한 생각』에서 다음과 같이 직설적으로 비판한다.

> 이것이 심는 불행은 오로지 성찰적 판단력의 욕구에서 기인한다. 이 판단력은 자신의 필요에 따라 어떤 하나의 상(像)을 꾸며 놓고는 나중에 이 상을 진실하고 대상적인 것으로 정립시키려 한다.[194]

"환상의 직관 대신에 모든 것을 개념화하는 자신의 시대에 대한 깊은 우려",[195] 그리고 자신이 만들어놓은(즉 개념

---

[193] Picht, p. 68 참조. 피히테는 개념이 인식의 가장 우월적인 형태라는 생각은 아리스토텔레스 이후 서구의 정신세계를 지배해온 편견이자 도그마라고 주장한다.

[194] Heller, p. 37에서 재인용.

[195] Heller, p. 37. 괴테는 리머(Riemer)에게 보낸 1806년 5월 10일자 서한에서도 "이전의 세기들은 그들의 생각을 환상의 직관 안에 표현했다. 그러나 우리의 세기는 이들을 개념화한다."라고 한탄한다.

화한) 현실의 모델을 현실에 대한 진리로 여기는 이 세기의 망상에 대한 깊은 통찰은 괴테적 세계해석의 한 바탕을 이룬다.

18세기 유럽 계몽주의 사상의 한 축을 이룬 이 논리적 사유를 칸트 인식론의 용어로 옮겨 놓으면, '인식판단'으로 나타날 것이다. 그것은 칸트의 인식판단 자체가 논리적, 이론적 사유를 바탕으로 하며, 또한 대상의 개념화를 통해서 인식의 과정이 종결되기 때문이다. 무엇보다도 칸트가 의미하는 인식판단 역시 판단의 과정에서 대상(표상)을 구성하는 무수히 많은 다양한 요소, 즉 "다양한 것"을 모두 배려하지 않는다. 지성이 최종적으로 판단해낸 '개념'의 의미에 부합하지 않는 요소, 즉 개념으로 일반화될 수 없으며 오로지 이 대상만이 가지는 고유하고 개별적인 요소들은 개념으로 인식되는 과정에서 무시되고 도외시된다.

바로 이러한 맥락에서 취미판단은 인식판단에 대한 교정이자 비판으로 해석될 수 있다. 그것은 취미판단, 더 구체적으로는 인식능력의 자유로운 유희가 초래하는 '본래적 인식'은 인식판단의 '개념적 인식'에서 도태되고 배제되는 대상의 비개념적 요소를 모두 배려하는, 그래서 개개 대상의 개별성과 고유성을 극한적으로 배려하고 존중하는 '인식'이기 때문이다. 바로 이러한 개별적 고유성으로 인해 이 대상은 어떤 개념으로도 포섭될 수 없고, 그래서 일반화될 수도 없다. "논리적으로 구획하고 동일화하며 실증하는 규정"[196]을 본성으로 하는 지성, 즉 "개념의 능력"[197]으로서의 지성은 구성요소들의 '전체'로서의 대상(정확하게는 대상의 표상이나 직관), "실재하는 모든 것"[198]으로서의 대상을 포괄할 수 없기 때문이다. 미적 체험으로서의 취미판단은 이러한 자연과학적, 논리적, 수학적 합리성의 편협한 인식에 대한 교정이다. 이 판단이 지성적 개념의 피안에 존재하는 대상의 본래적 모습을 인식할 수 있게 하기 때문이다. 물론 이 인식은 언어화되거나 기호화되지 않는다. 단지 '아름다운' 것으로 체험될 따름이다. 본래적 인식은 미적 체험인 것이다.

---

[196] Perpeet, p. 44.
[197] 예를 들면 KU, 190, KU, 228.
[198] Perpeet, p. 44.

3. 인류 공동체의 이상

유용론적 사유 및 논리적 사유와 더불어 18세기 유럽 계몽주의 합리성을 대표하는 사유방식은 자율적 사유이다. 전통적 권위에서의 해방을 가장 중요한 덕목으로 내세운 계몽철학이 이성을 근간으로 한 개개 인간의 독자적 사유와 이를 향한 의지를 이 해방의 가장 중요한 전제조건으로 내세웠기 때문이다. 헤르베르트 디이크만이 "인간 정신의 자율성의 의식"을 계몽주의의 가장 중요한 성향으로 파악한 사실이나,[199] 루시앙 골드만이 18세기 계몽주의의 서로 상반되는 듯이 보이는 두 개의 철학적 흐름인 "합리주의(Rationalismus)"와 "경험주의(Empirismus)"가 하나의 공동의 기저, 즉 "개인적인 의식이 인식과 행동의 절대적인 출발점"[200]이라는 공동의 인식을 가지고 있었다고 강조한 것은 이러한 계몽의 전제조건을 설명하는 대표적인 실례이다.

---

[199] Dieckmann, p. 17.
[200] Goldmann, p. 109.

두 사람 모두 스스로 사유하는, 따라서 기존에 있던 사회적 규범과 주어진 사유 형식에서 벗어나려는 의식을 계몽의 가장 중요한 출발점으로 본 것이다. 계몽에 대해 칸트가 내린 유명한 정의, 즉 계몽이 "인간이 자초한 미성숙(未成熟)에서 벗어남"이며, "네 자신의 지성을 스스로 사용하려는 용기를 가질지어다!"가 "계몽의 표어"라는 정의 역시 인간의 자율적 사유를 계몽의 절대적 전제로 강조하는 것이다.[201]

18세기의 계몽주의 사상이 요구한 이러한 자율적이며 독자적인 사유는 루시앙 골드만이 확인하듯이 "인류의 사상사에서 유일무이하며 결정적인 전환"을 초래했다.[202] 그것은 스스로 사유하려는 의지, 오로지 자신의 이성에 의거하여, 주어진 모든 규범과 다르게 사유하려는 의지는 기본적으로 모든 정신적, 종교적 후견의 거부를 의미하며, 따라

---

[201] Immanuel Kant: Beantwortung der Frage: Was ist Aufklärung? In: Was ist Aufklärung? Thesen u. Definition. Hrsg. v. E. Bahr, Stuttgart 1984, S. 9.

[202] Goldmann, p. 108.

서 필연적으로 기존에 있던 모든 '진리'에 대한 비판으로, 그리고 이러한 기성 진리의 배후에 있는 모든 사회적 조직과 기구, 그리고 제도와의 충돌로 이어지기 때문이다. 지금까지 사람들이 진리라고 믿어왔던 것들, 이들은 이제 비판적이며 의심쩍어하는, 스스로 사유하고 판단하는 주체의 엄격한 검증을 통과하지 못하면 더 이상 진리로 존립할 수 없게 된 것이다. 이러한 관점에서 보면 스스로 사유하라는 요구는 그때까지 한 번도 있어본 적이 없던 "지적인 공격성"[203]을 함축하고 있다. 계몽주의의 가장 혁명적인 성향이 바로 이 자율적 사유의 요구에서 기원한다고 단정해도 무리는 아닐 것이다. 프리드리히 슐레겔이 계몽의 이념을 "바로 혁명의 정신"[204]으로 규정한 사실도, 하인리히 하이네가 계몽철학자 칸트를 "사유의 제국에서의 로베스피에르(Robespierre)"로 명명하고, 그가 행한 "낡은 도그마의 파괴"를 바스티유 감옥에 대한 공격과 비교한 사실도[205] 같은

---

[203] Pütz, p. 11.

[204] Frdriech Schlegel: Kritische Ausgabe seiner Schriften. Hrsg. v. E. Behler, München u.a. 1958ff., Bd. 2, S. 314.

맥락에서 이해해야 할 것이다.

18세기 유럽의 역사적 상황에서 계몽주의의 비판적 정신으로 인해 치명적인 타격을 입고, 그들이 전통적으로 행사해 왔던 권위와 후견권, 즉 독점적인 세계해석의 진리와 이 해석에 의거한 행동의 권리를 상실할 위기에 빠진 가장 중요한 기구는 절대주의 국가, 그리고 무엇보다도 기독교 교회였다. 절대적, 무조건적 믿음에의 요구를 거부하고 그 자리에 비판적 검증을 내세운 계몽의 정신은 교회의 권위를 실추시켰고, 교회에 의한 영적, 정신적 후견의 정당성을 근원에서부터 파괴해버렸기 때문이다. 성서와 계시(啓示)에 대한 절대적 믿음 대신에 불신과 회의가 들어서고, 신의 존재마저도 비판적 성찰의 대상이 된다면, 종교는 더 이상 종교로 존속할 수 없게 됨은 자명한 일이다. 18세기 계몽주의의 반종교적 성향은 계몽주의자들이 흔히 사용한 "빛"과 "밝음"의 메타포에서도 잘 드러난다. 이들이 자신들의

---

[205] Heinrich Heine: Düsseldorfer Ausgabe, Bd. 8, S. 82. 잘 알려진 바와 같이 프랑스 혁명은 당시 정치범 수용소로 악명 높던 바스티유 감옥에 대한 무장공격에서 직접적으로 촉발되었다.

세기를 "빛(밝음)의 시대(das Zeitalter der Aufklärung, the age of enlightenment, le siècle des lumières)"로 특징지은 데는 기독교 교회가 말하는 '계시의 빛'이 결국은 암흑이었음을, 그래서 기독교적 중세가 '암흑의 시대'였음을 암묵적으로 전제하는 것이다.

기존에 있던 모든 것을 비판적으로 의문시하는 것, 특히 국가와 교회에 의해 행해지는 정치적, 정신적 후견의 정당성에 대한 비판적 검토는 엄청난 파괴를 초래했다. 이로 인해서 낡은, 그러나 하나의 전체로서 존재했으며, 기독교적 세계관에 뿌리를 둔 동질적 삶이 가능했던 세계의 축이 파괴된 것이다. 카를 마르크스가 봉건주의 해체를 하나의 종합적이며 유기적인 사회적 삶의 붕괴로, 즉 "이기주의라는 정신을 묶어 놓았던 굴레에서 부르주아 사회가 벗어난 것"으로 해석한 것은 바로 이러한 맥락에서이다.[206] 자율적인 사유에의 의지와 기존에 있던 세계해석의 거부는 결국은 이것에 근거한 앙시앵 레짐의 해체로 이를 수밖에 없었

---

[206] MEW 1, 367/9.

다. 그리고, 비록 낡았으나 유기적으로 기능하던 공동체가 파괴된 자리에 이제 기독교적 동질성을 상실한, 그래서 더 이상 통일된 전체가 아니라 서로 이질적인 파편들의 집합체로만 존재하는 현대 사회가 들어섰다.

하인리히 하이네는 1830년 7월 혁명 후의 프랑스 현대 미술에 대한 비평을 통해 이러한 현대의 모습을 '고아원'에 비유했다. 친형제간이 아니라 모두 '다른' 부모에게서 태어난 아이들로 구성된 고아원에 빗대어 표현한 것이다.

> 이 전시회는 마치 고아원 같았다. 홀로 떨어져 서로 아무런 혈연관계도 없는, 주워 모은 아이들의 집합체 같았다. (…) 그러나 이탈리아 그림들이 전시된 화랑에 들어서면 전혀 다른 느낌이 우리를 사로잡지 않는가! 이 그림들은 차디찬 세상에 버려진 아이들이 아니며, 거대한 공통의 어머니에게서 영양을 섭취하고 있다. 그래서 대가족의 일원으로서 편안하게 일체를 이루며, 비록 똑같은 단어는 아니라 하더라도 동일한 언어를 말하고 있지 않은가! 그러나 (…) 그러한 어머니였던 가톨릭교회는 이제 초라해지고 자신도 의지할 데가 없어져버렸다. 화가들은 저마다 자기만의 계산에 따라 그림을 그리고 있는 것이다.[207]

기독교라는 공동의 꿈에서 깨어난 유럽의 현대, 막스 베버의 표현에 따르면 "마법에서 벗어난 세계"[208]는 모든 것이 모든 것으로부터 철저하게 소외된 세계이다. 쉴러가 『미학 편지』에서 한탄했듯이 "교회와 국가, 법률과 도덕이 서로 찢겨 떨어지고, 향유가 노동에서, 수단이 목적에서, 노력이 대가에서 분리된"[209] 사회, '진리(眞)'와 '도덕(善)'과 '아름다움(美)'이 더 이상 일체를 이루지 못하고 저마다 고립되어 존재하는 사회, 그래서 "그 무엇이 아름답지도 성스럽지도 선하지도 않음에도 불구하고, 아니 오히려 그 무엇이 아름답지 않고 성스럽지 않고 선하지 않기 때문에 진리일 수 있는"[210] 사회, 이러한 사회에서는 서로 이질적인 부분들 사이의 대화와 화해와 타협이 불가능하다. 이들의

---

[207] H. Heine: Düsseldorfer Ausgabe, Bd. 12, S. 11.
[208] Johannes Weiß: Max Weber, Die Entzauberung der Welt. Grundprobleme der großen Philosophen. Philosophie der Gegenwart, Göttingen 1981, S. 9.
[209] F. Schiller: Sämtliche Werke. Hrsg. v. G. Fricke u. H. G. Göpfert, 5 Bde., Bd. 5, München 1965, S. 584.
[210] Max Weber: Gesammelte Aufsätze zur Wissenschaftslehre. Tübingen 1985, S. 604.

이질성, 이들 사이의 '서로 다름'은 근원적이고 본질적이기 때문이다.

칸트의 미학은 '분열'과 '소외'라는 이러한 현대 사회의 위기적 상황에 대한 해법의 모색이기도 하다. 그의 공통감의 이념이 시대와 장소를 뛰어넘어 모든 사람을 하나의 통일적 전체로 묶을 수 있는 전 인류적 공동체를 지향하기 때문이다.

앞에서 이미 자세히 밝혀진 바와 같이 칸트는 공통감을 한 명의 판단 주체가 "모든 사람에게서도 전제할 수 있는 것"(KU, 211)으로 규정한다. 여기서 "모든 사람"은 시간과 공간을 초월한, 글자 그대로의 "모든" 사람, 즉 전 인류를 지칭하는 것이다. 전체 인류라는 개념이 사용될 수 있는 근거는 칸트가 공통감을 모든 사람이, 시대적 특성과 지역적 조건에 따라 끊임없이 변화하는 와중에도, 변함없이 가지고 있는 것, 즉 기본체(基本體)로서의 "실체(Substanz)"로 생각하기 때문이다. 이 실체는 경험적으로는 확인되거나 증명될 수 없기에 "초월적"이다. 칸트가 공통감을 "아마도 인간성의 초월적 실체로 간주될 수 있는 것의 개념"(KU, 340),

또는 "초감각적인 것"에서 찾아야 하는 "우리의 모든 선천적 능력의 합일점"(KU, 341), "이성개념" 등으로 규정한 것은 바로 이러한 맥락에서이다. 요컨대 공통감은 인류 전체를 아우르는 "공동체적 감정"인 것이다.

공통감이 모든 사람을 아우르는 "공동체적 감정"일 수 있는 것은 공통감이 '오로지 동물적이지도, 오로지 이성적이지도 않은' 인간의 가장 본연적인 본성, 즉 감성과 이성의 조화와 균형에 의거하고 있기 때문이다. 이러한 공통감이 전제될 수 있다면 사람들은, 최소한 취미판단에 있어서는, '동일한' 시각으로 대상을 바라볼 수 있을 것이다. 예를 들면 대상을 이해관계적 관심 없이 바라볼 수 있으면서도, 또 대상이 무엇이어야 한다는 목적 개념을 설정하지 않으면서도 대상에 "만족"할 수 있을 것이고, 그래서 대상이 '아름답다'라는 동일한 판단을 내릴 수 있을 것이다. 즉 대상에 대한 판단을 공유할 수 있는 것이다. 모든 사람이 하나의 동일한 대상에 동일한 판단을 내린다면, 한 사람의 판단은 전체 인류의 판단을 대표할 것이다. 즉 "모범적"일 수 있는 것이다. 이는 취미판단의 결과와 내용이 사람과 사람 사이에 "전달"될 수 있음을 의미한다. 공통감이 전제된다면 모든 사람이 동일한 대상에 동일한 시각으로 동일한 판단을 내릴 것이기 때문이다. 달리 말하면 공통감을 통하여 하나의 소통 가능한 공동체가 가능해지는 것이다. 이러한 관점으로 본다면 현대의 분열된 사회, 모든 것이 모든 것으로부터 소외된 사회는 아름다움을 매개로 하여, 그리고 아름다움의 영역에서는, 그 분열됨을 극복하고 하나의 통합된 공동체가 될 수 있을 것이다.

현대와 현대 사회의 '분열'과 '소외'의 현상을 칸트 미학의 용어로 옮긴다면, 현대 사회에서는 사람들이 "사적 조건" 속에서 "사적" 인간으로 살아가고 있다는 뜻이다. "사적"이라 함은 물론 모든 인간에 '공통적'으로 내재하는 인간 본연의 본성을 상실했음을, 즉 '공공성'을 상실했음을 의미한다. 이는 달리 말하면 '공통감'이라는 본성을 회복할 수 있다면, 그래서 모든 사람이 "사적" 인간이 아니라 "공적" 인간으로 존재할 수 있다면, 현대 사회의 분열상은 극복될 수 있으며, 더 나아가서는 역사상 존재했고, 지금 존재하고 있으며 또 앞으로 존재할 모든 사람을 아우르는 하나의 인류 공동체, 사람들이 모든 인종적, 성적, 종교적, 언어적 등의 차이와 이로 인한 갈등을 극복하고 하나로 통합된 이상적 공동체를 이룰 수 있을 것이다. 공통감은 이처럼 이상적, 유토피아적 전제이다.

그래서 공통감은 지금의 현실에서는 불가능한 "단지 하나의 이념"(KU, 216)일 뿐이다. "순전히 하나의 이상적 규범"(KU, 239)인 것이다. 그리고 '이상'은 미래에서의 요구이기도 하다. 말하자면 이 공통감의 원칙은 모든 인간에게 존재하는 것이 아니라 이제 존재하도록 만들어야 하는 것이다. 공통감을 인간 본연의 본성으로 간주한다면, 공통감과 이에 근거한 미적 판단능력으로서의 "취미"는 "원래적이며 자연적인 능력"(KU, 240)일 것이다. 그러나 현대 사회의 분열상은 이 "원래적" 능력이, 그 원인이 무엇이든, 인간의 이성의 깨어남이든 문명의 발전으로 인해서든, 상실되었음을 말해준다. 그러기에 이 공통감의 원칙은 지금의 현실에서는 "앞으로 이루어내야 할 인위적인 능력의 이념"(KU, 240)이며 "이성의 요구"(KU, 240)인 것이다. 이러한 관점에서 칸트의 미학은 '이상주의적' 미학으로 규정될 수 있을 것이다.

  이상은 부정적 현실에서 벗어날 해법이자 동시에 부정적 현실에 대한 비판이기도 하다. 이상은 또한 부정적 현실에서 도피할 수 있는 환상적 영역으로 기능하기도 한다. 칸트가 그의 미학 이론에서 이 부정적 현실의 부정성을 극복할 가능성만 제시했을 뿐 이 가능성을 실질적으로 실현할 수 있는 어떤 현실적 방안도 제시하지 않은 사실은 그의 이상주의적 미학에 이 두 성향이 모두 내재되어 있음을 의미한다. 칸트의 미학은 현실 비판이자 동시에 현실 도피인 것이다.

문헌 일람표

1차 문헌

Immanuel Kant: Kritik der Urteilskraft. In: Kants Werke, Akademie-Textausgabe. Unveränderter potomechanischer Abdruck des Textes der von der Preußischen Akademie der Wissenschaft 1902 begonnenen Ausgabe von Kants gesammelten Schriften, Bd. V, Berlin 1968(=KU)

Immanuel Kant: Kritik der reinen Vernunft. Vorrede zur 2. Auflage. In: Geschichte der Philosophie in Text u. Darstellung, Bd. 6. Deutscher Idealismus, Hrsg. v. R. Bubner, Stuttgart 1983(=KrV)

『임마누엘 칸트: 판단력비판』. 백종현 옮김, 서울(아카넷) 2013

2차 문헌

크리스티안 헬무트 벤첼. 『칸트 미학: 「판단력 비판」의 주요 개념들과 문제들』. 1절. 박배형 옮김, 서울(그린비) 2012(=벤첼)

김수용.『아름다움의 미학과 숭고함의 예술론: 쉴러의 고전주의 문학 연구』, 서울(아카넷) 2009(=김수용, 쉴러)

Historisches Wörterbuch der Philosophie. Hrsg. v. Joachim Ritter, Basel/Stuttgart 1971(=Historisches Wörterbuch)

Walter Biemel: Die Bedeutung von Kants Begründung der Ästhetik für die Philosophie der Kunst, Köln 1959 (=Biemel)

Rüdiger Bubner: Über einige Bedingungen gegenwärtiger Ästhetik. In: Neue Hefte für Philosophie, Heft 5, Göttingen 1973(=Bubner)

Herbert Dieckmann: Diderot und die Aufklärung. Aufsätze zur europäischen Literatur des 18. Jhts., Stuttgart 1972(=Dieckamnn)

Karl Eibl; Literaturgeschichte, Ideengeschichte, Gesellschaftsgeschichte. "Das Warum der Entwicklung". In: Internationales Archiv für Sozialgeschichte der deutschen Literatur 21(1996), 2. Ht.(=Eibl)

Manfred Frank: Die Dichtung als "Neue Mythologie". In: Mythos und Moderne. Hrsg. v. K. H. Bohrer, Frankfurt a.M. 1983(=Frank)

Christel Fricke: Kants Theorie des reinen Geschmackurteils. Berlin/New York 1990(=Fricke)

Hans-Georg Gadamer: Wahrheit u. Methode. Tübingen 1972(=Gadamer)

Lucien Goldmann: Die Struktur der Aufklärung. In: Erforschung der deutschen Aufklärung. Hrsg. v. P. Pütz, Königstein/Ts. 1980(=Goldmann)

Rolf Grimminger: Die Ordnung, das Chaos und die Kunst. Für eine neue Dialektik der Aufklärung, Frankfurt a.M. 1990(=Grimminger)

Jürgen Habermas: Die Verschlingung von Mythos und Aufklärung. Bemerkungen zur 『Dialektik der Aufklärung』 - nach einer neuen Lektüre. In: Mythos und Moderne. Hrsg. v. K. H. Bohrer, Frankfurt a.M. 1983 (=Habermas)

Erich Heller: Die Idee der wissenschaftlichen Wahrheit. In: E. H.: Essays über Goethe, Frankfurt a.M. 1970(=Heller)

Max Horkheimer u. Theodor Adorno: Dialektik der Aufklärung. Amsterdam 1969(=Horkheimer/Adorno)

Max Horkheimer: Kants Philosophie u. die Aufklärung. Zur Kritik der instrumentellen Vernunft, Hrsg. v. Alfred Schmidt, Fft. a.M. 1967(=Horkheimer)

Jens Kulenkampff: Vorwort. In: Materialien zu Kants 'Kritik der Urteilskraft'. Hrsg. v. J. Kulenkampff, Fft. a.M. 1974(=Kulenkampff, Vorwort)

Jens Kulenkampff: Kants Logik des ästhetischen Urteils. Fft. a.M. 1978(=Kulenkampff, Kants Logik)

Jens Kulenkampff: Der Schlüssel zur Kritik des Geschmacks.

In: Kants Schlüssel zur Kritik des Geschmacks, Ästhetische Erfahrung heute. Studien zur Aktualität von Kants "Kritik der Urteilskraft". Sonderheft des Jahrgangs 2000 der Zeitschrift für Ästhetik u. Allgemeine Kunstwissenschaft, Hrsg. v. Ursula Franke, Hamburg 2000 (=Kulenkampff, Schlüssel)

Konrad Marc-Wogau: Vier Studien zu Kants Kritik der Urteilskraft. Uppsala u. Leipzig 1938(=Marc-Wogau)

Odo Marquard: Kant u. die Wende zur Ästhetik. In: Zeitschrift für philosophische Forschung(ZfphF) 16(1962), S. 231-243/ 363-374(=Marquard)

Armand Nivelle: Kunst- u. Dichtungstheorien zwischen Aufklärung u. Klassik. Berlin, New York 1971(=Nivelle)

Heinz Paetzold: Ästhetik des deutschen Idealismus. Zur Idee ästhetischer Rationalität bei Baumgarten, Kant, Schelling, Hegel u. Schopenhauer, Wiesbaden 1983 (=Paetzold)

Wilhelm Perpeet: Das Sein der Kunst u. die kunstphilosophische Methode, Freiburg/ München 1979(=Perpeet)

Georg Picht: Kunst und Mythos. Stuttgart 1987(=Picht)

Peter Pütz: Die deutsche Aufklärung. Darmstadt 1987(=Pütz)

Birgit Recki: Das Gute am Schönen. Über einen Grundgedanken in Kants Ästhetik In: Zeitschrift für Ästhetik u. allgemeine Kunstwissenschaft. Bd. 37(1992)(=Recki)

Brigitte Scheer: Kunst u. Wissenschaft als Formen der Welterschliessung. Überlegungen zu Kants erster u. dritter Kritik. In: Zeitschrift für Ästhetik u. allgemeine Kunstwissenschaft, Heft 48/1(2003)(=Scheer)

Hartmut Scheible: Wahrheit u. Subjekt. Ästhetik im bürgerlichen Zeitalter, Hamburg 1988(=Scheible)

Walter Schulz: Metaphysik des Schwebens. Untersuchungen zur Geschichte der Ästhetik, Pfullingen 1985(=Schulz)

Jürgen Stolzenberg: Das freie Spiel der Erkenntniskräfte. Zu Kants Theorie des Geschmacksurteils. In: Kants Schlüssel zur Kritik des Geschmacks. Ästhetische Erfahrung heute. Studien zur Aktualität von Kants "Kritik der Urteilskraft". Sonderheft des Jahrgangs 2000 der Zeitschrift für Ästhetik u. Allgemeine Kunstwissenschaft, Hrsg. v. Ursula Franke, Hamburg 2000 (=Stolzenberg)

Christian Helmut Wenzel: Das Problem der subjektiven Allgemeingültigkeit des Geschmacksurteils bei Kant. Berlin u. New York 2000(=Wenzel)

Hans-Friedrich Wessels: Grundstrukturen, Phasen und Probleme der Aufklärung in Deutschland. In: Aufklärung. Ein literaturwissenschaftliches Studienbuch. Hrsg. v. H.-F. Wessels, Königstein/Ts. 1984(=Wessels)

Wolfgang Wieland: Urteil und Gefühl. Kants Theorie der

Urteilskraft, Göttingen 2001(=Wieland)

R. Zimmermann: Geschichte der Ästhetik als philosophische Wissenschaft. 1858(=Zimmermann)

찾아보기

용어 색인

공통감(Gemeinsinn) 39, 179, 180, 181, 182, 183, 185, 186, 187, 188, 194, 195, 196, 197, 198, 199, 200, 209, 228, 230, 231
관심 없는 만족(Wohlgefallen ohne Interesse) 7, 15, 71, 202
관심 없음 89, 91
관심(Interesse) 77
다양한 것(ein Mannigfaltiges) 31, 45, 49
도식(Schema) 61, 65, 107
목적 없는 합목적성 16, 86, 94, 95, 131, 202
목적 없음 89, 91
물자체(Ding an sich) 13, 30, 210
미적 이념(ästhetische Idee) 134
『미학 편지(Ästhetische Erziehung des Mennschen in einer Reihe von Briefen)』 11, 12
보편성(Allgemeinheit) 146, 147, 148, 149, 153, 160, 161, 168, 169, 176, 177, 182, 193
본래적 인식(Erkenntnis überhaupt) 14, 19, 56, 58, 59, 67, 90, 114, 130, 153, 209, 219
사적 조건(Privatbedingungen) 163, 175, 193, 194, 230
상상력(Einbildungskraft) 19, 23, 31, 32, 33, 35, 47, 61
『순수이성비판』 2
『실천이성비판』 2
욕구능력(Begehrungsvermögen) 14, 75, 87

이상주의 미학　9, 10, 17
이성(Vernunft)　150, 151, 152, 155, 157, 160
인간학적 미학　20
인식능력　19, 35
인식판단(Erkenntnisurteil)　6, 26, 30, 35, 37, 42
자유로운 유희(freies Spiel)　19, 23, 36, 43, 52, 98, 99, 209, 219
좋은 것(das Gute)　72, 73, 74
지성(Verstand)　19, 23, 32, 33, 35, 52, 151, 152
직관(Anschauung)　31, 33, 59
취미판단(Geschmacksurteil)　2, 6, 22, 26, 36, 38, 42, 219, 220
쾌적한 것(das Angenehme)　72
판단력　27, 34
『판단력 비판』　1
표상(Vorstellung)　32, 33
합목적성(목적형식, forma finalis)　91, 153

인명 색인

가다머(Hans-Georg Gadamer)　7, 29
골드만(Lucien Goldmann)　221, 222
괴테(Johann Wolfgang Goethe)　218, 219
그리밍어(Rolf Grimminger)　206
니벨레(Armand Nivelle)　4
디이크만(Herbert Dieckmann)　221
레싱(Gotthold E. Lessing)　17
레키(Birgit Recki)　3
마르크바르트(Odo Marquard)　2, 12
마르크스(Karl Marx)　225
멘델스존(Moses Mendelssohn)　17
모리츠(Karl Philipp Moritz)　203
바움가르텐(A. G. Baumgarten)　5
베버(Max Weber)　227
부브너(Rüdiger Bubner)　7
빌란트(Wolfgang Wieland)　170, 176
쉐어(Brigitte Scheer)　69
쉴러(Friedrich von Schiller)　11, 12, 17, 21, 204, 213, 217, 227
슐레겔(Frdriech Schlegel)　223
슐츠(Walter Schulz)　20
아도르노(Theodor Adorno)　207, 211, 216
칸트(Immanuel Kant)　17
쿨렌캄프(Jens Kulenkampff)　10, 22
패촐트(Heinz Paetzold)　28, 68
페르페트(Wilhelm Perpeet)　66
프랑크(Manfred Frank)　214

프리케(Christel Fricke)　62
플라톤(Platon)　3
하버마스(Jürgen Habermas)　203, 212
하이네(Heinrich Heine)　223, 226
헤겔(G. W. F. Hegel)　3, 214
헤르더(J. G. von Herder)　17
호르크하이머(Max Horkheimer)　66, 207, 211, 216

지은이 **김수용** (kim1234@yonsei.ac.kr)

연세대학교 명예교수. 대한민국 학술원 회원.
서울대학교 독어독문학과와 같은 과 대학원을 졸업하고 독일 뒤셀도르프 대학에서 하이네에 관한 논문으로 박사학위를 취득했다. 연세대학교 독어독문학과 교수로 재직했으며, 현재 연세대학교 명예교수다. 지은 책으로 『하이네-예술과 참여와 끝없는 물음』, 『아름다움의 미학과 숭고함의 예술론』, 『괴테 파우스트 휴머니즘』, 『독일 계몽주의』 등이 있고, 옮긴 책으로 『파우스트-한 편의 비극』, 『독일-어느 겨울 동화』, 『신시집』, 『루테치아- 정치, 예술 그리고 민중의 삶에 대한 보고서』 등이 있다.

아름다움과 인간의 조건
칸트 미학에 대한 하나의 해석

1판 1쇄 발행 2016년 1월 11일
1판 2쇄 발행 2021년 8월 5일
1판 3쇄 발행 2021년 12월 10일

지 은 이 | 김수용
편   집 | 이지은
펴 낸 이 | 김진수
펴 낸 곳 | 한국문화사
등   록 | 제1994-9호
주   소 | 서울시 성동구 아차산로49, 404호(성수동1가, 서울숲코오롱디지털타워3차)
전   화 | 02-464-7708
팩   스 | 02-499-0846
이 메 일 | hkm7708@daum.net
홈페이지 | http://hph.co.kr

ISBN 978-89-6817-316-5 93160

- 이 책의 내용은 저작권법에 따라 보호받고 있습니다.
- 잘못된 책은 구매처에서 바꾸어 드립니다.
- 책값은 뒤표지에 있습니다.

오류를 발견하셨다면 이메일이나 홈페이지를 통해 제보해주세요.
소중한 의견을 모아 더 좋은 책을 만들겠습니다.